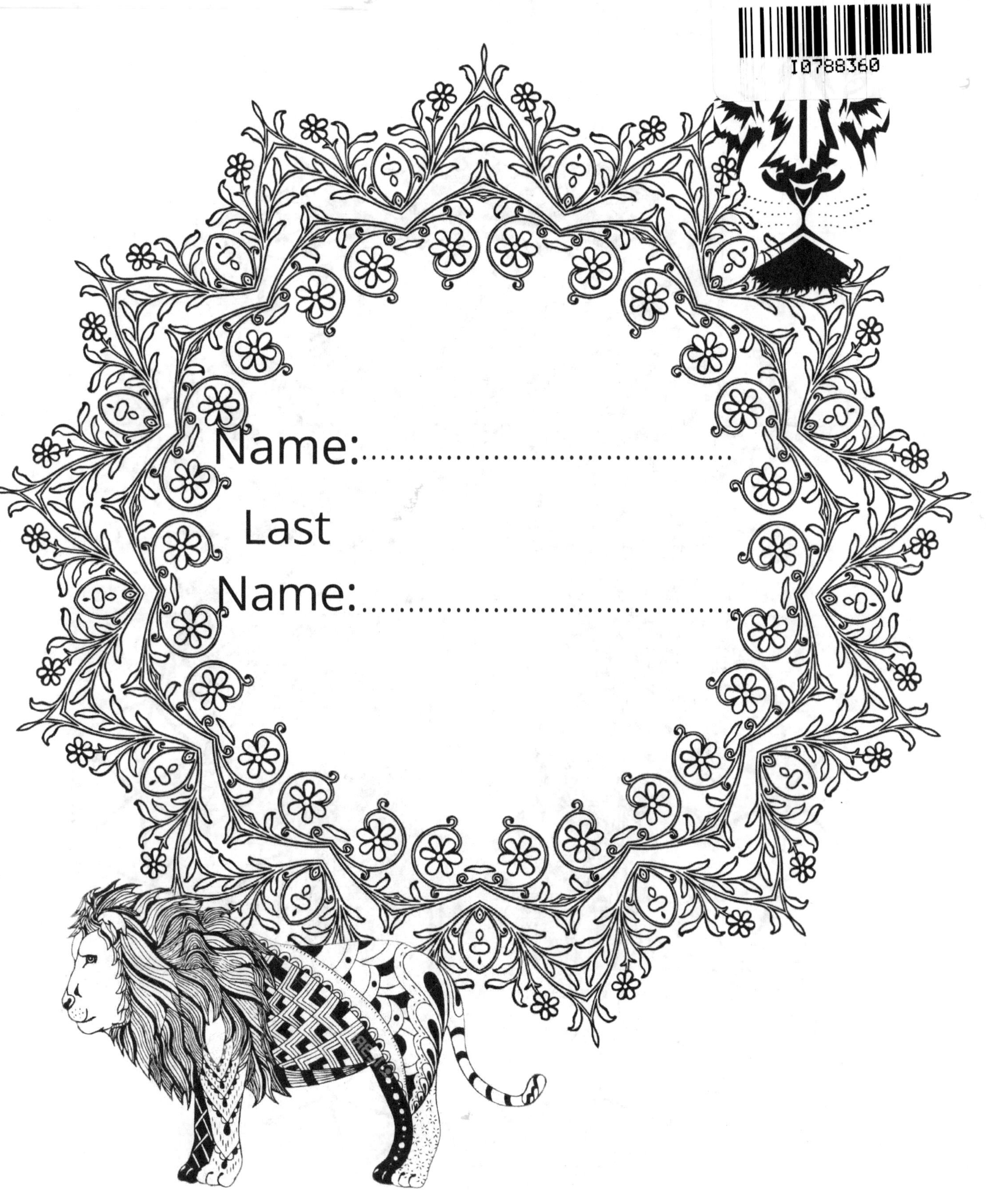

Name:
Last
Name:

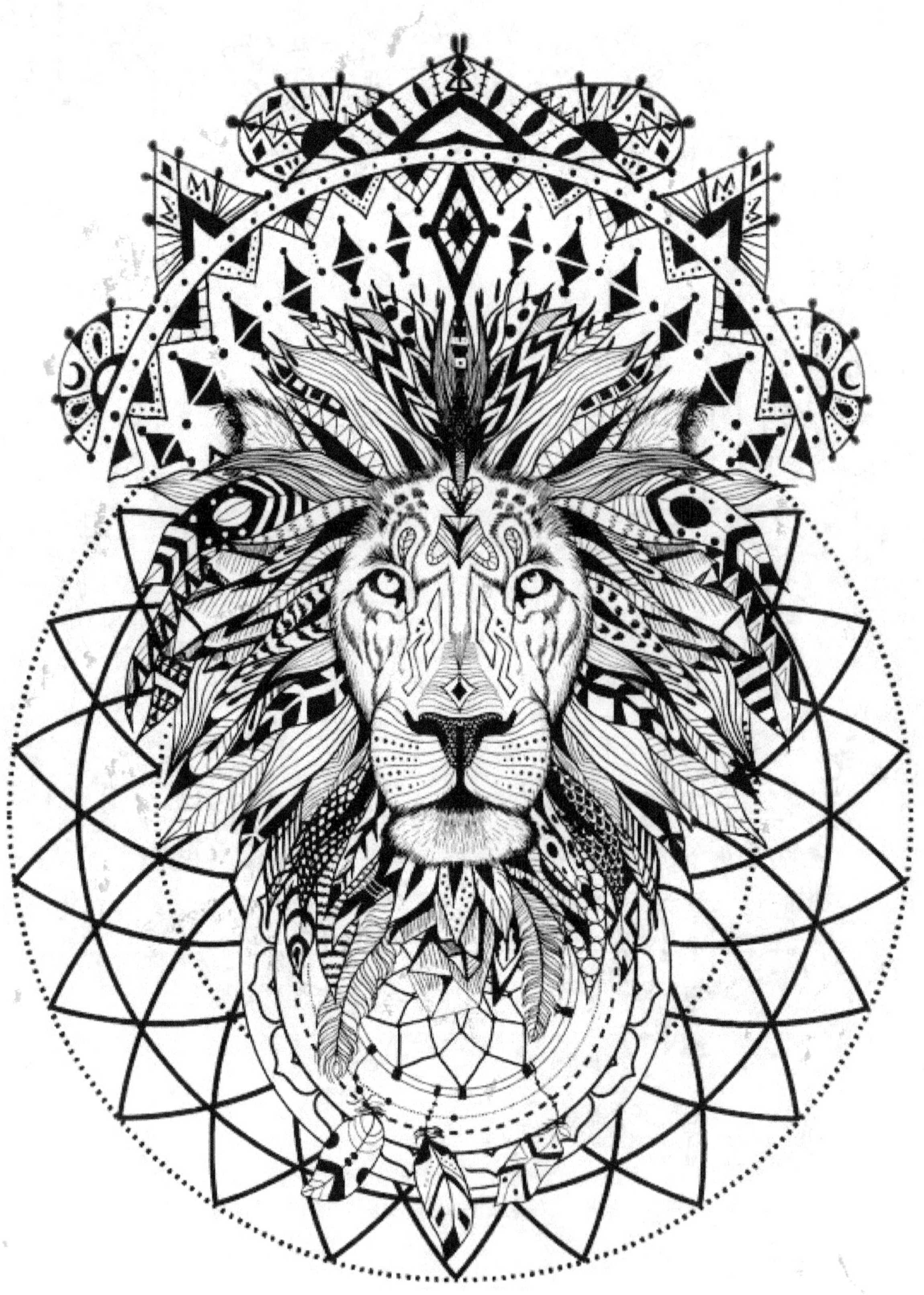

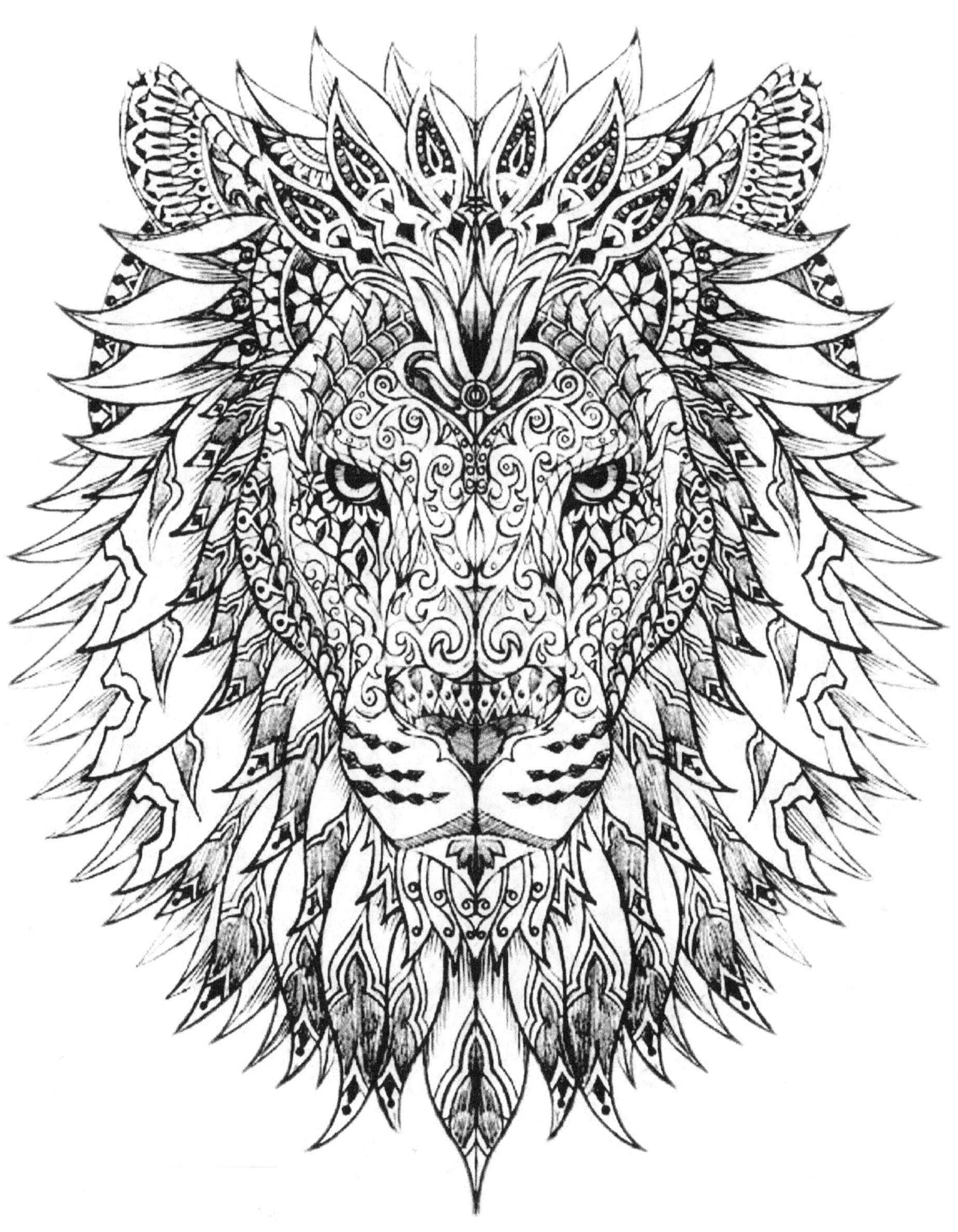

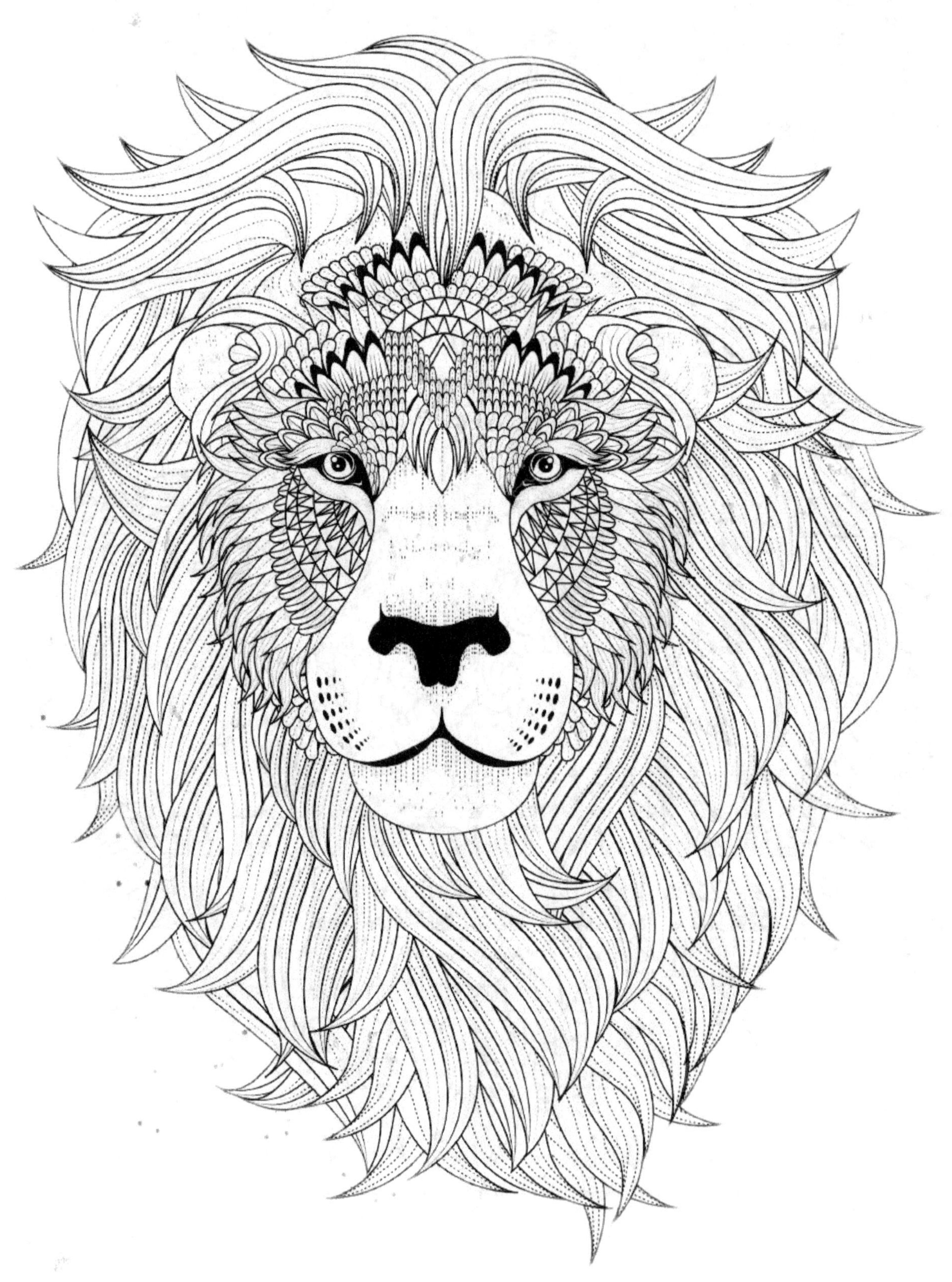

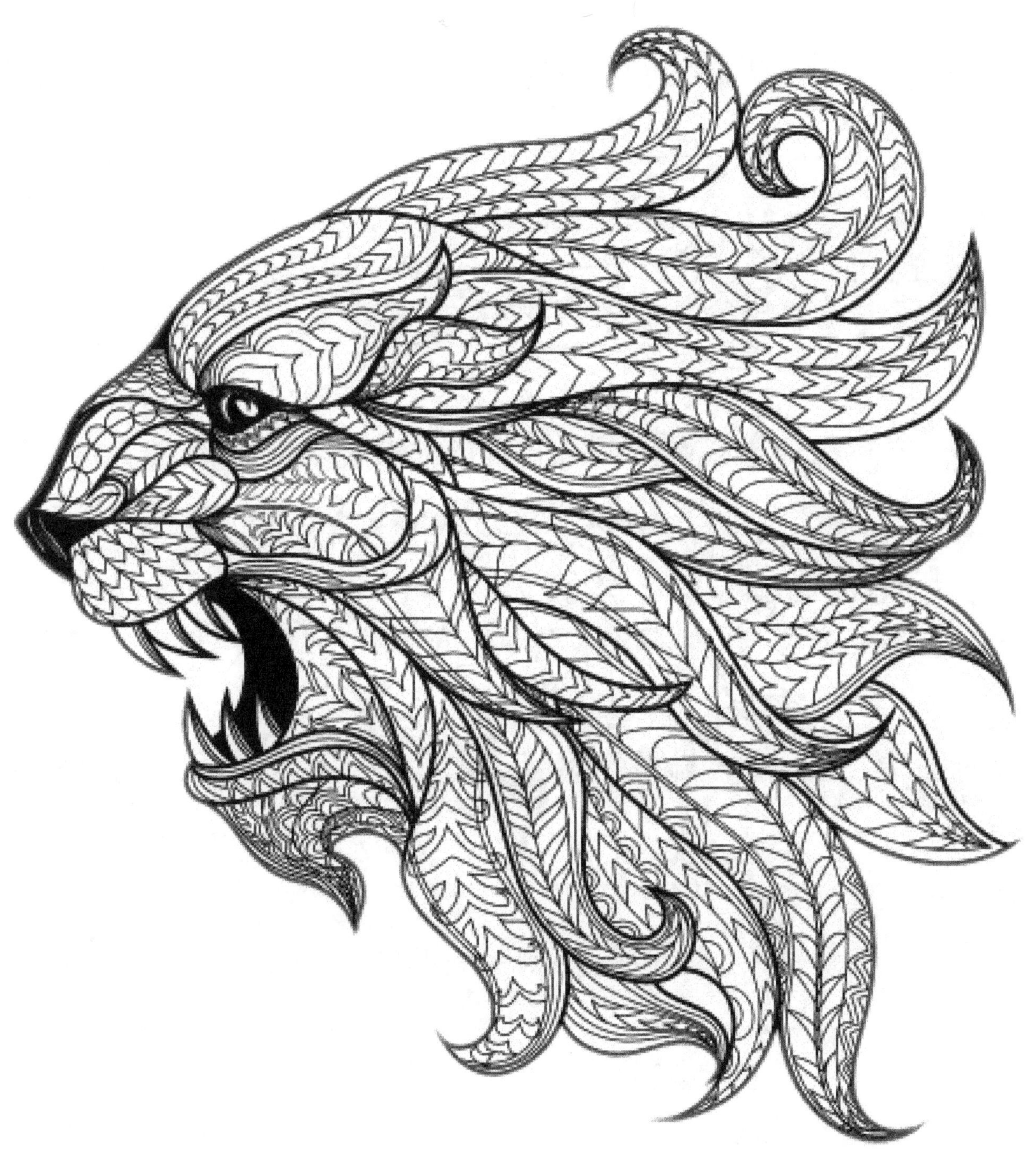

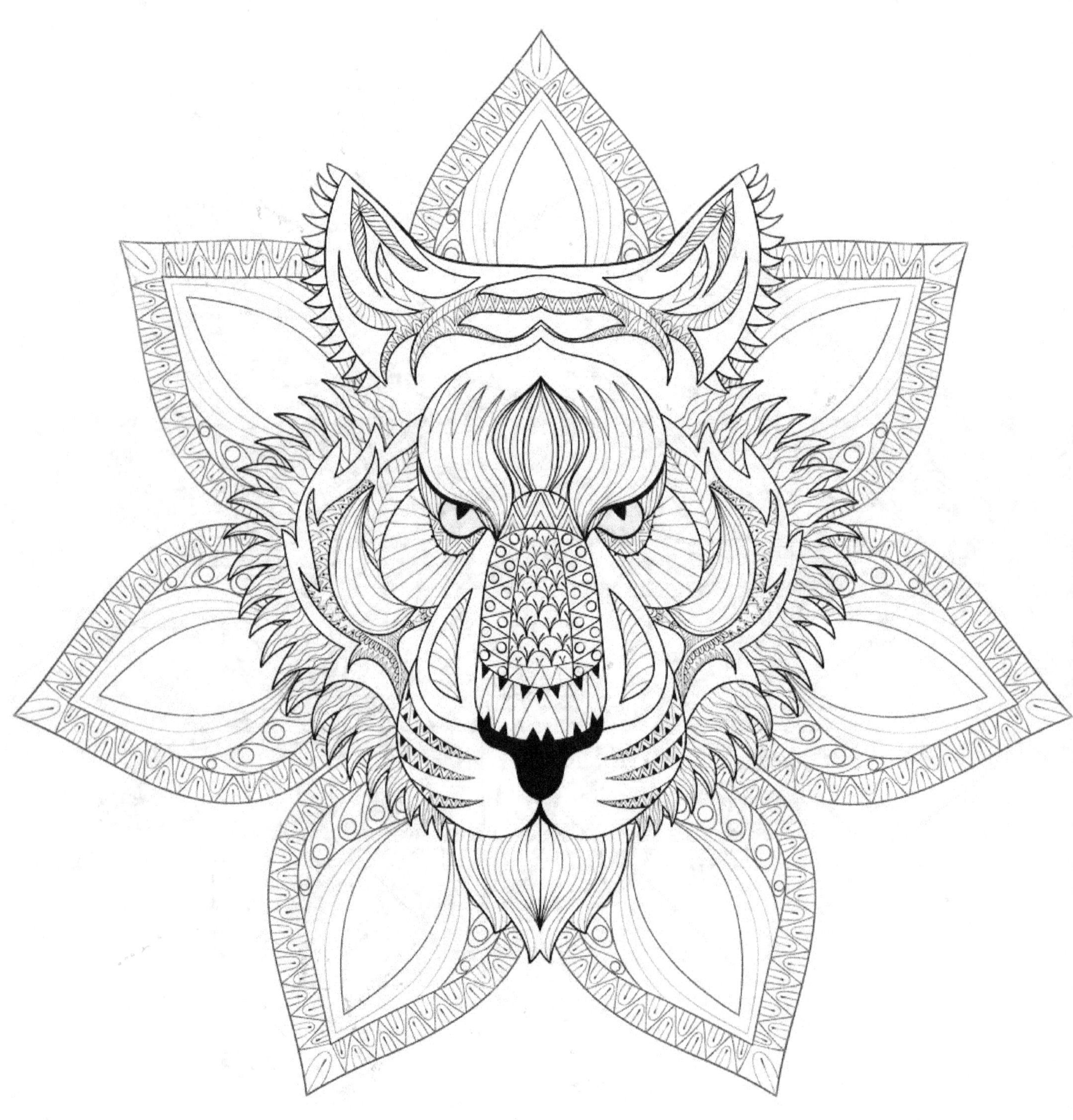

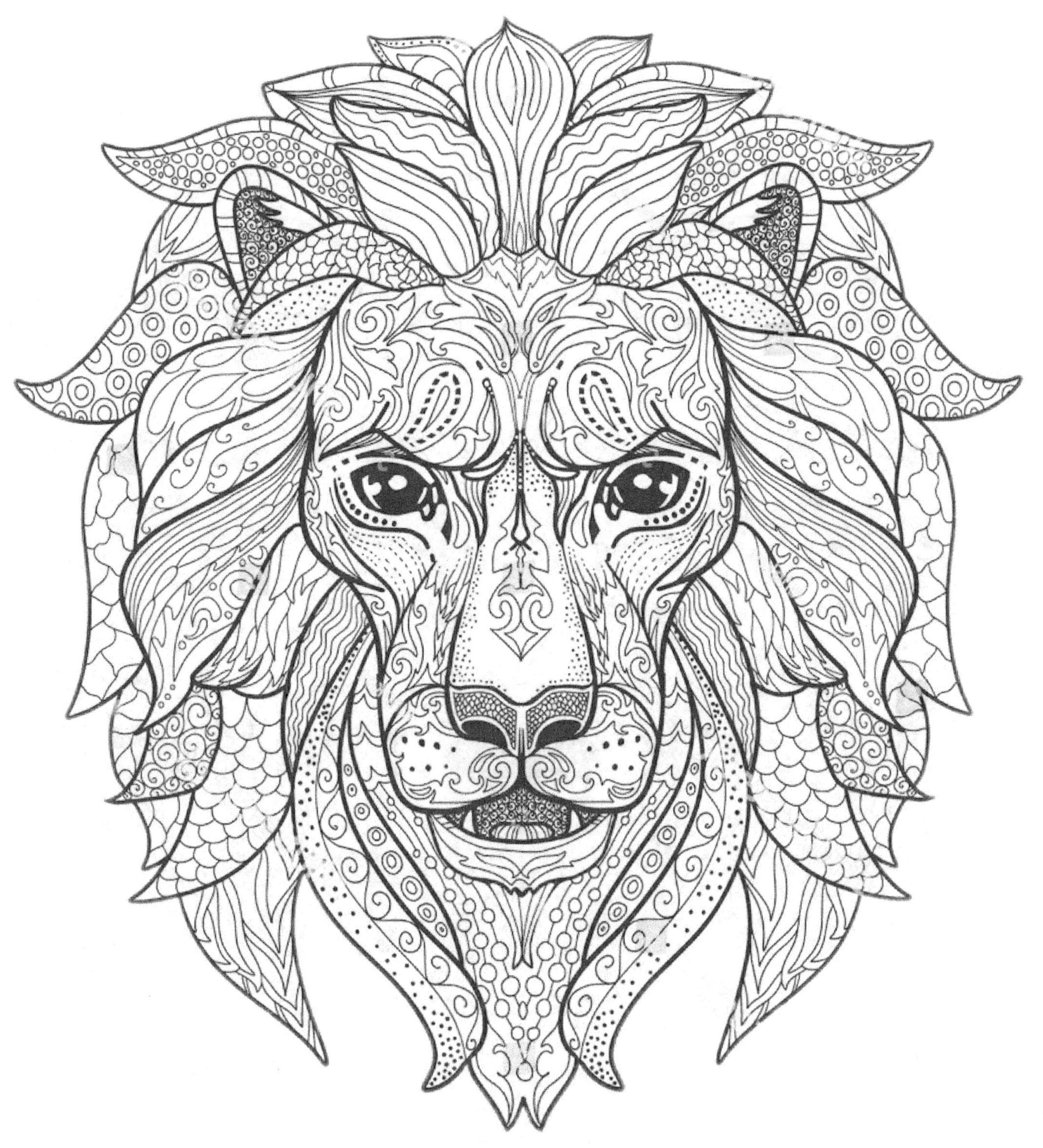

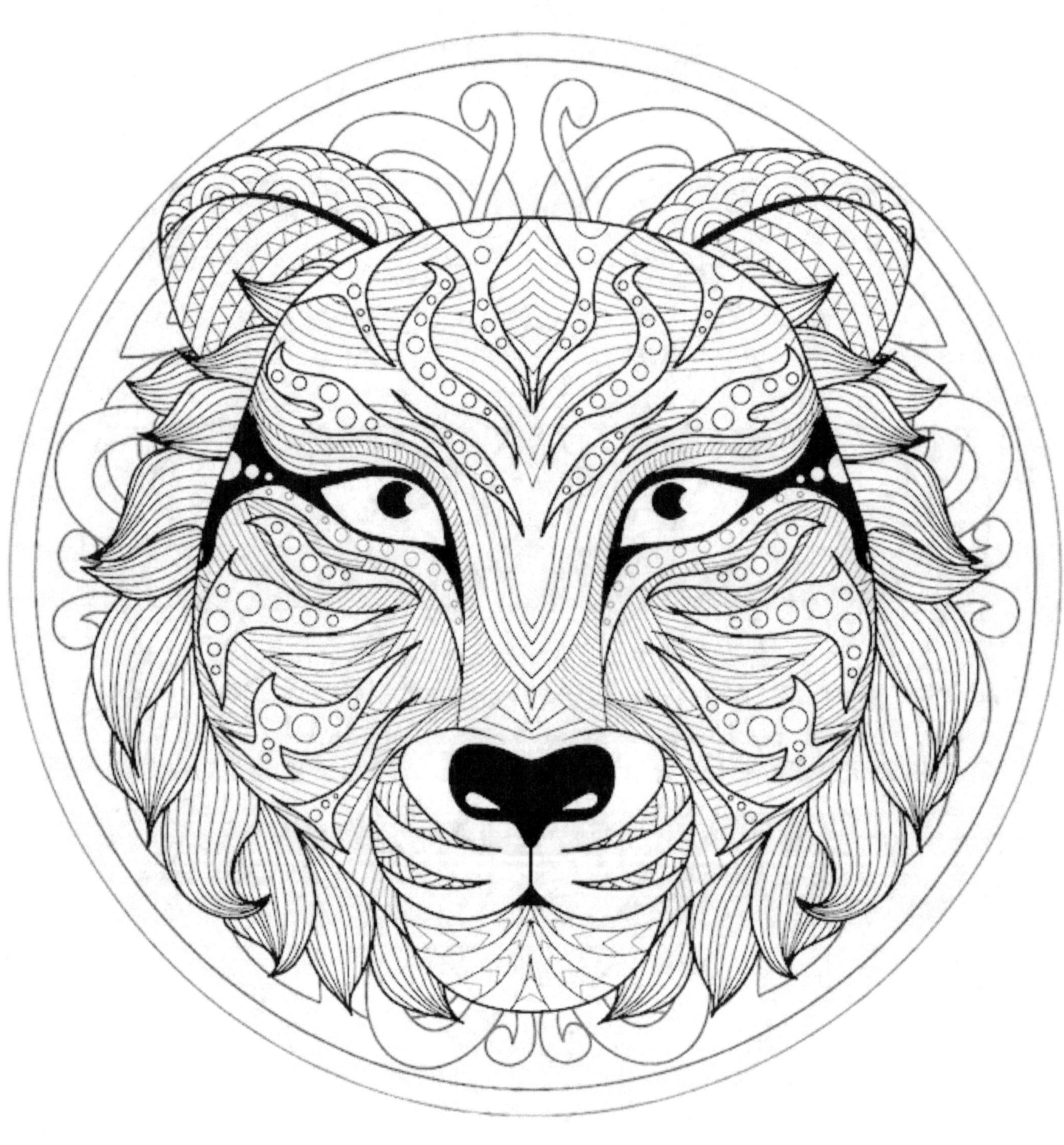

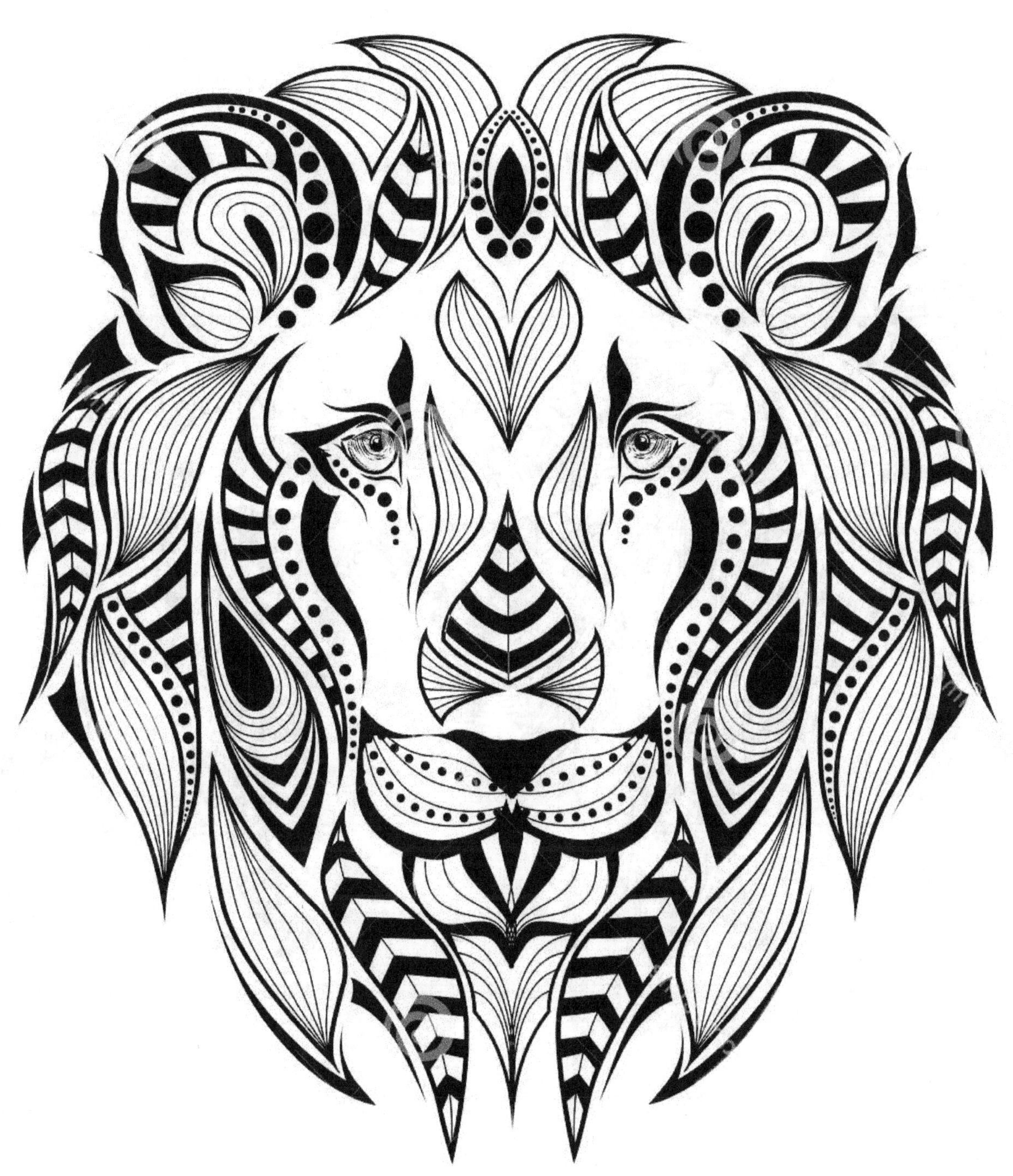

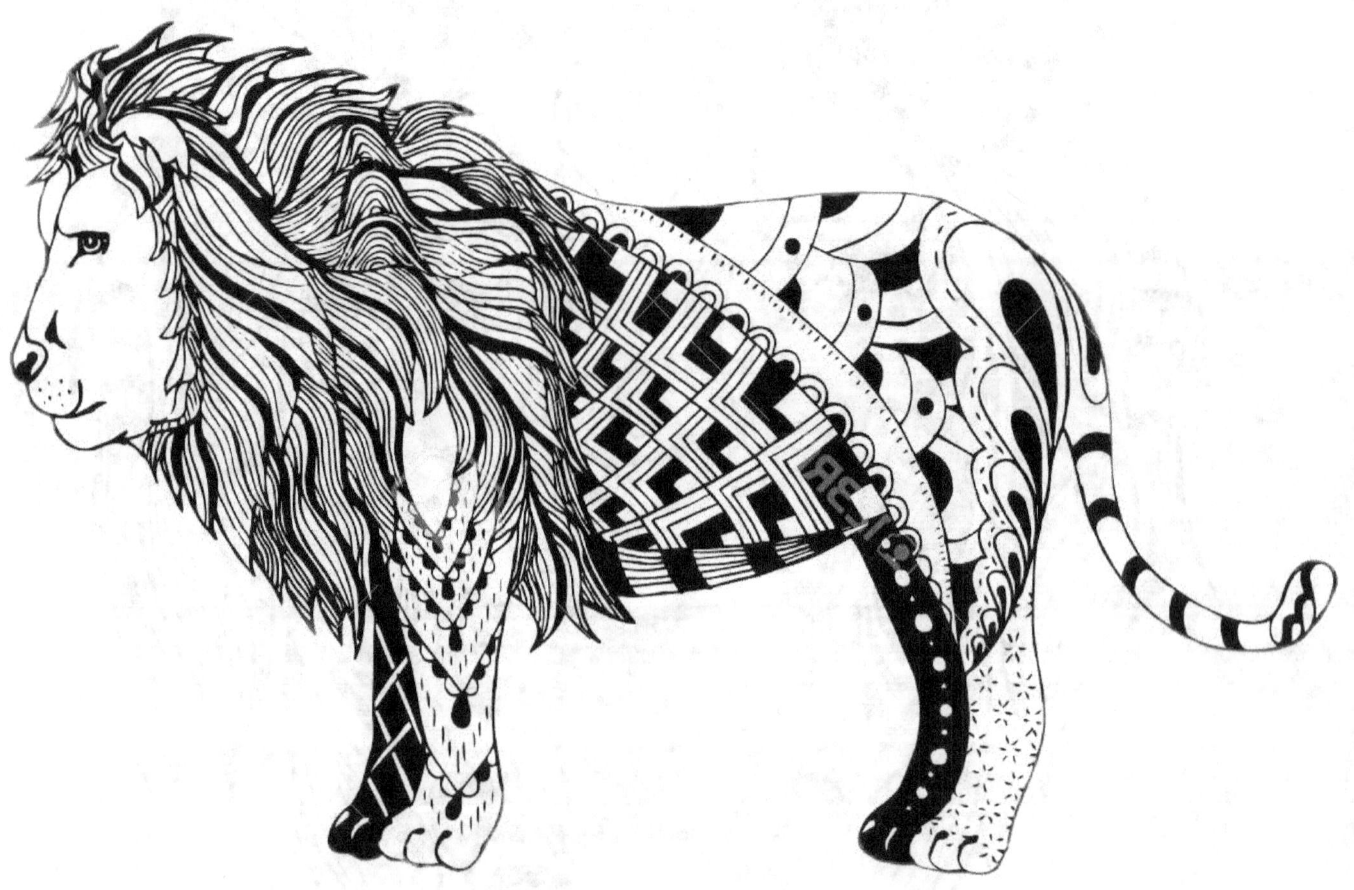

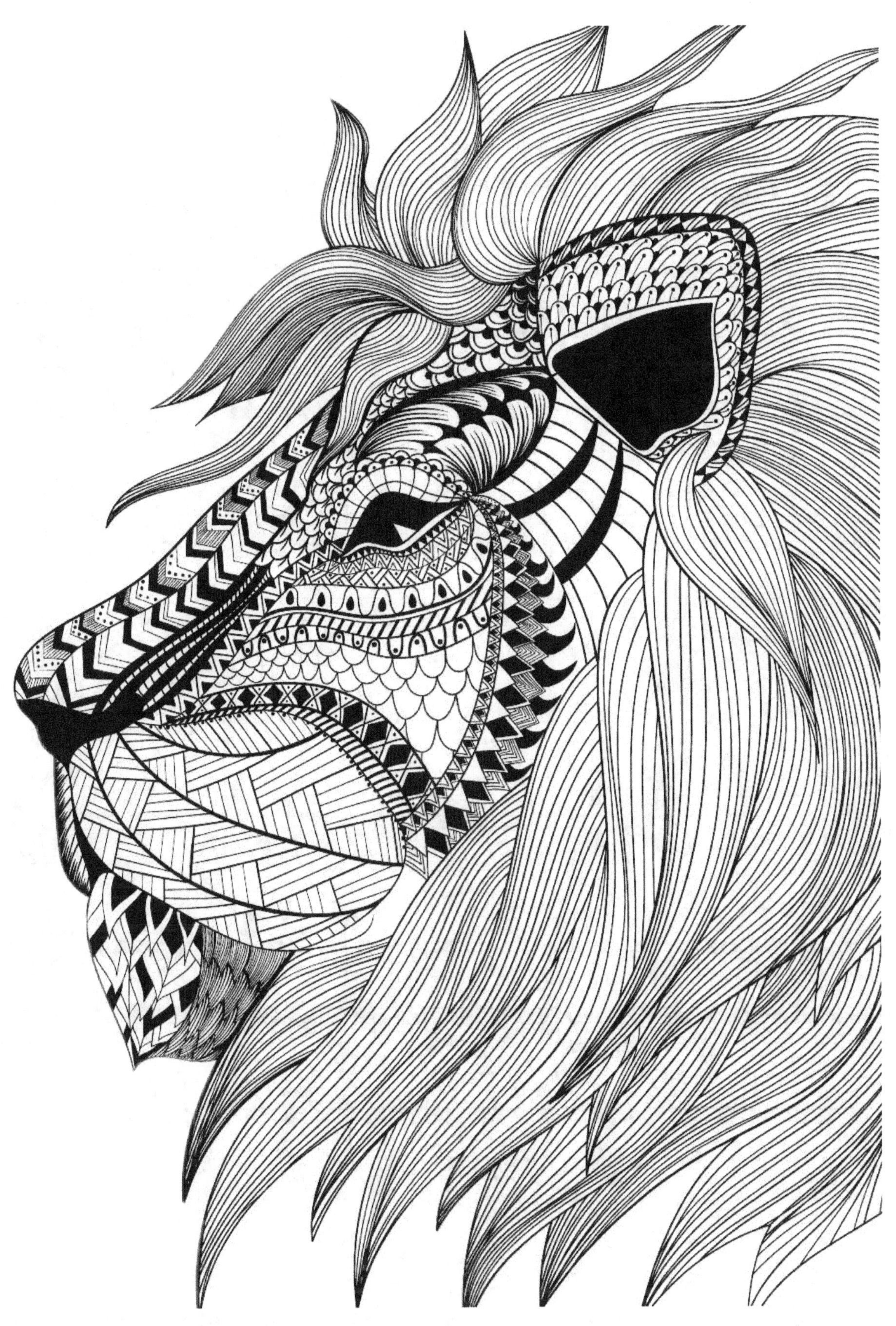

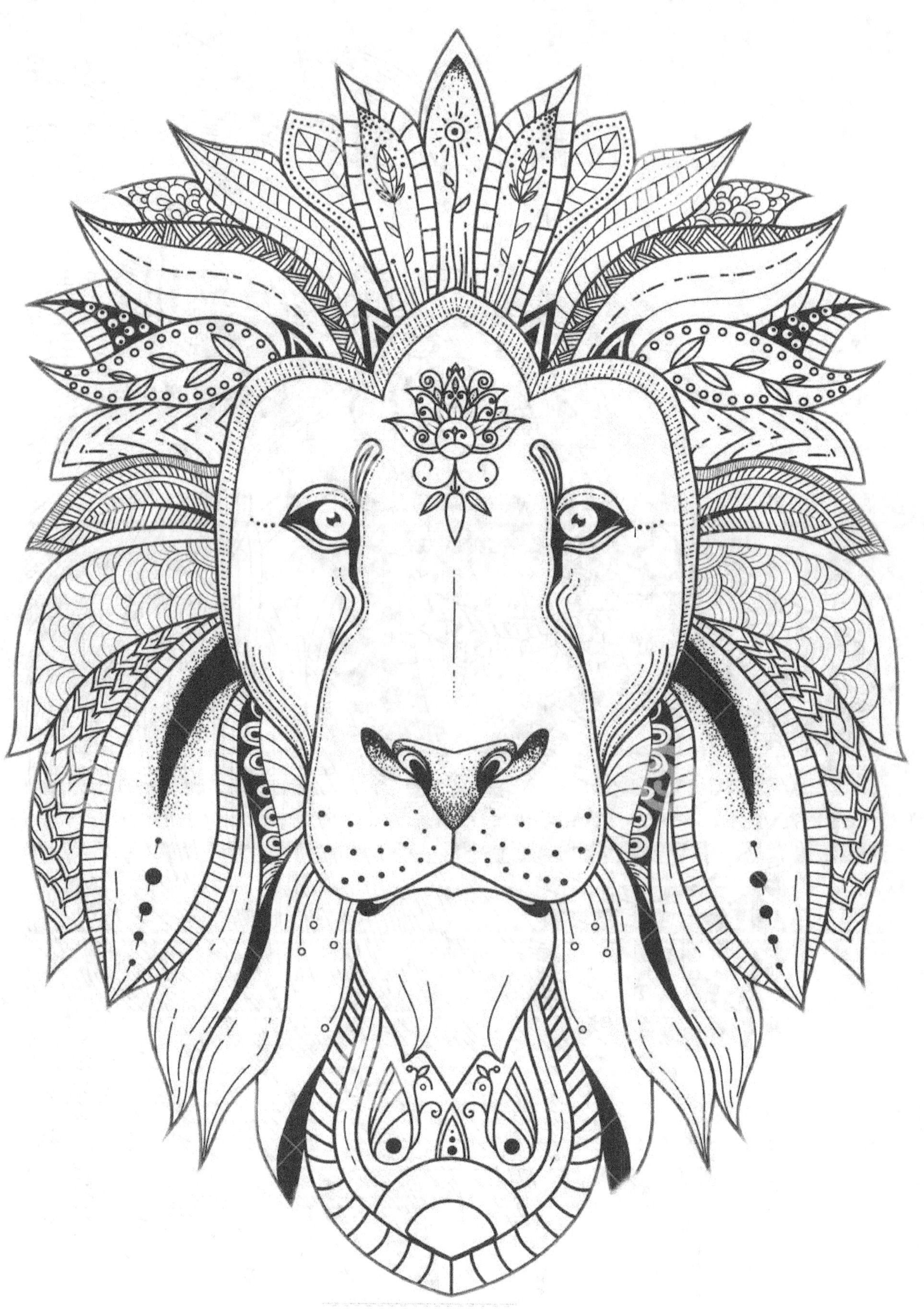

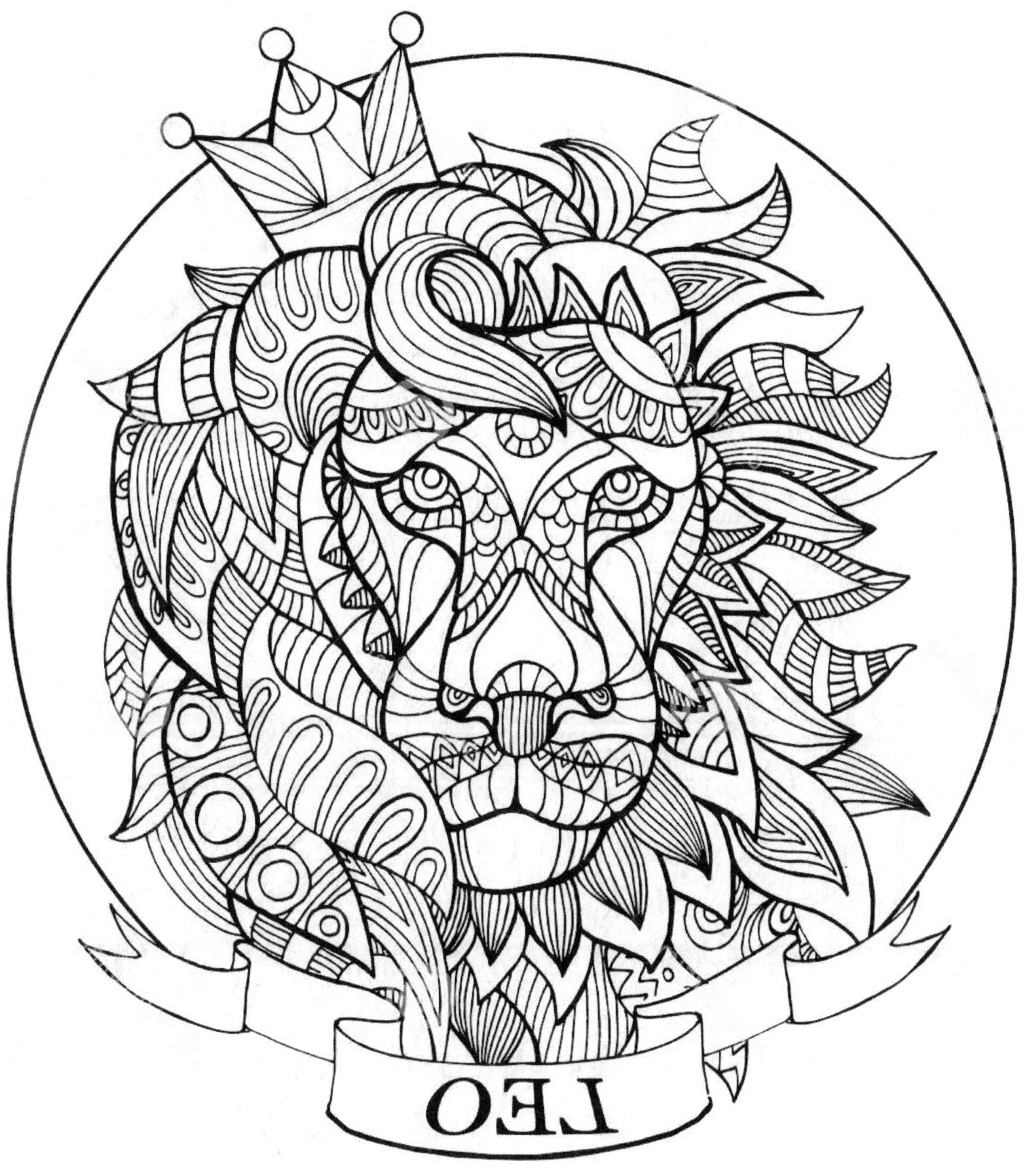
LEO

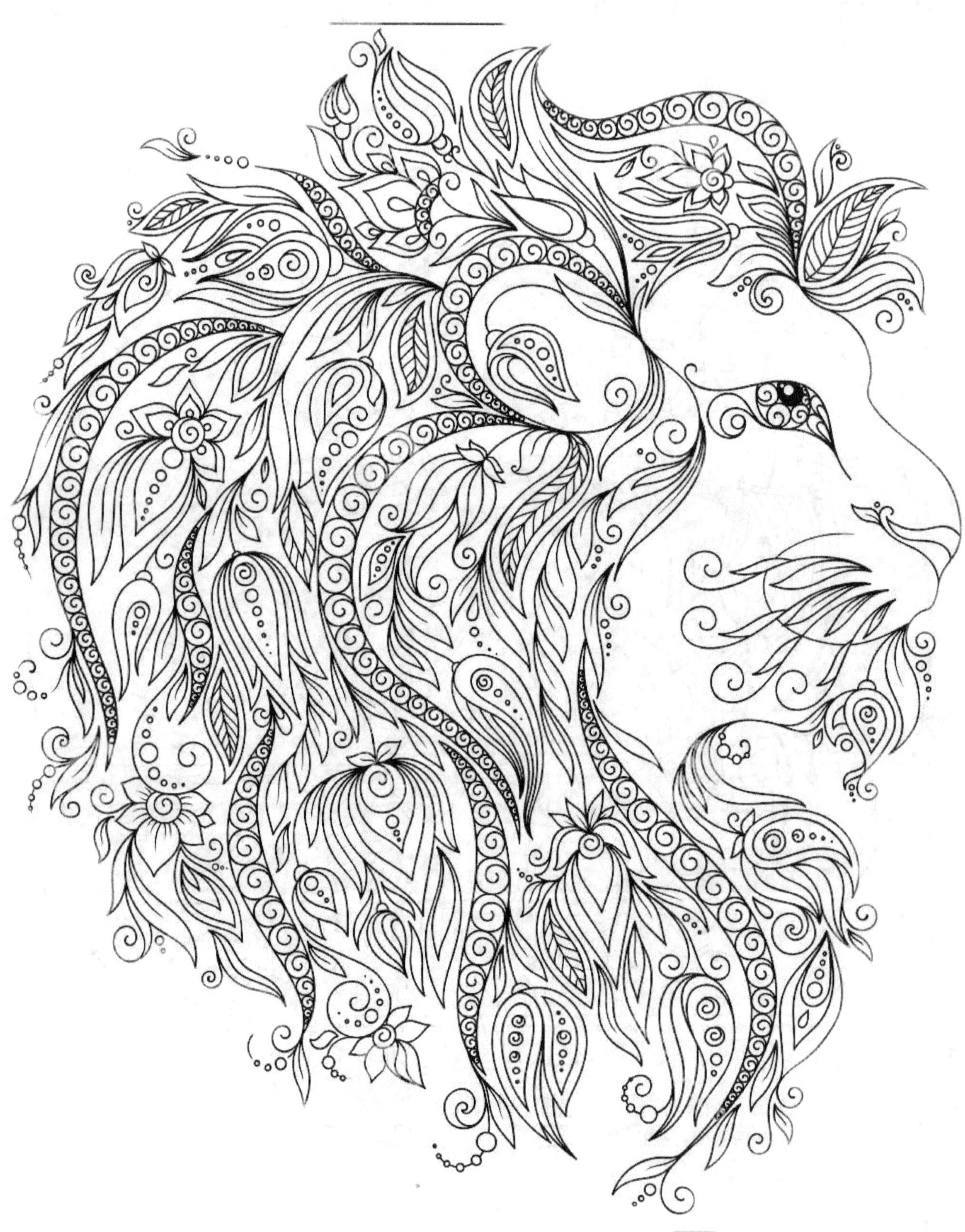

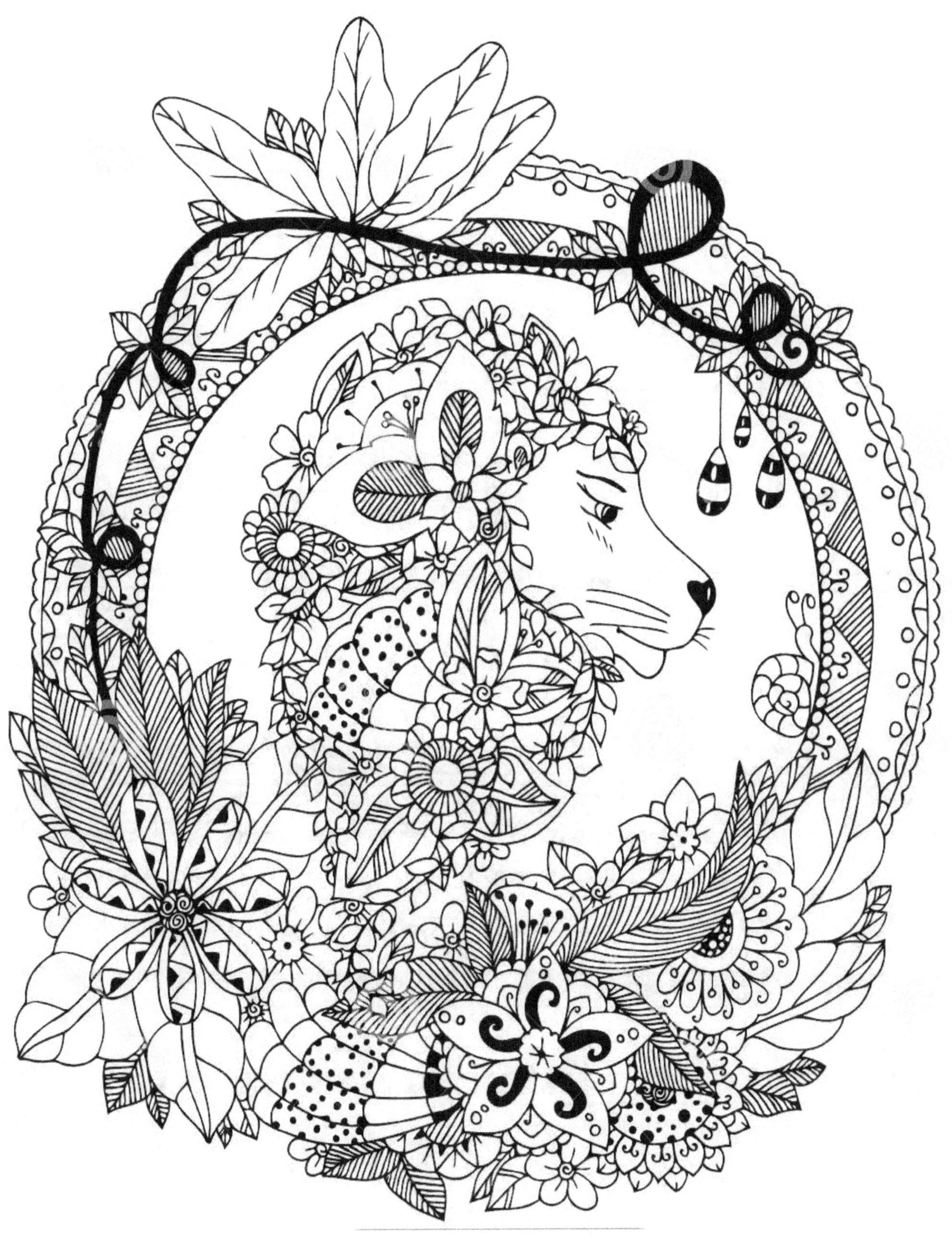

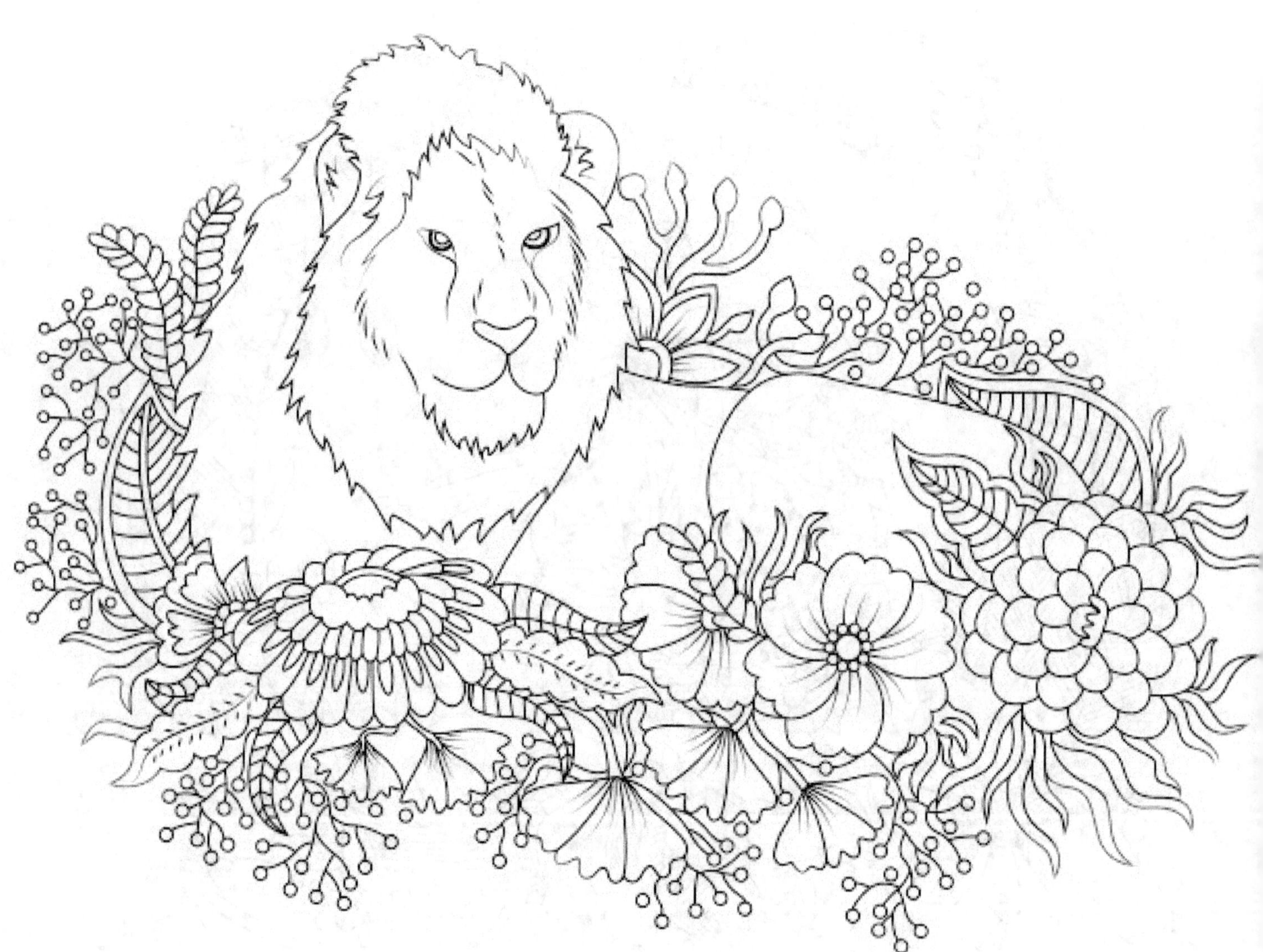

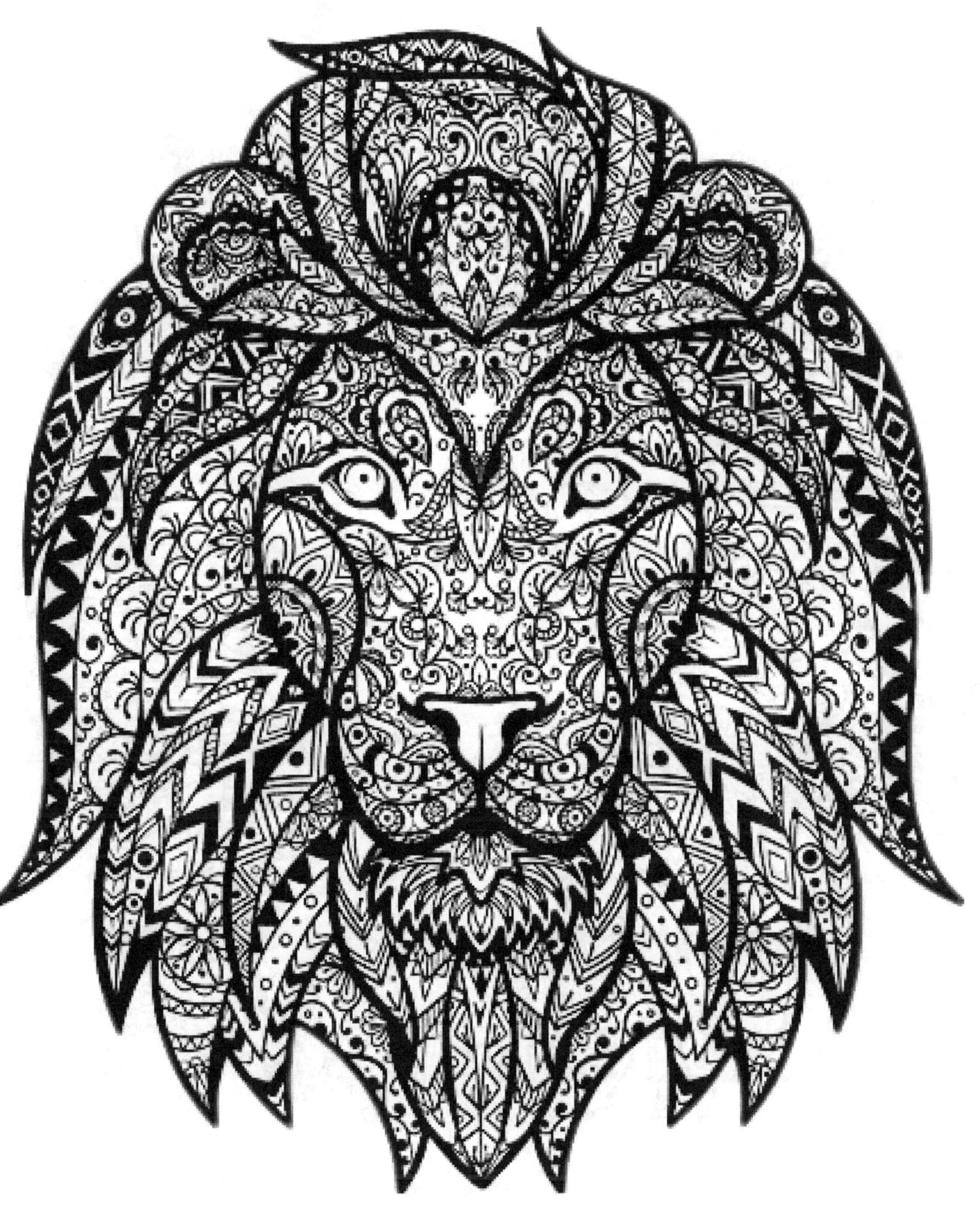

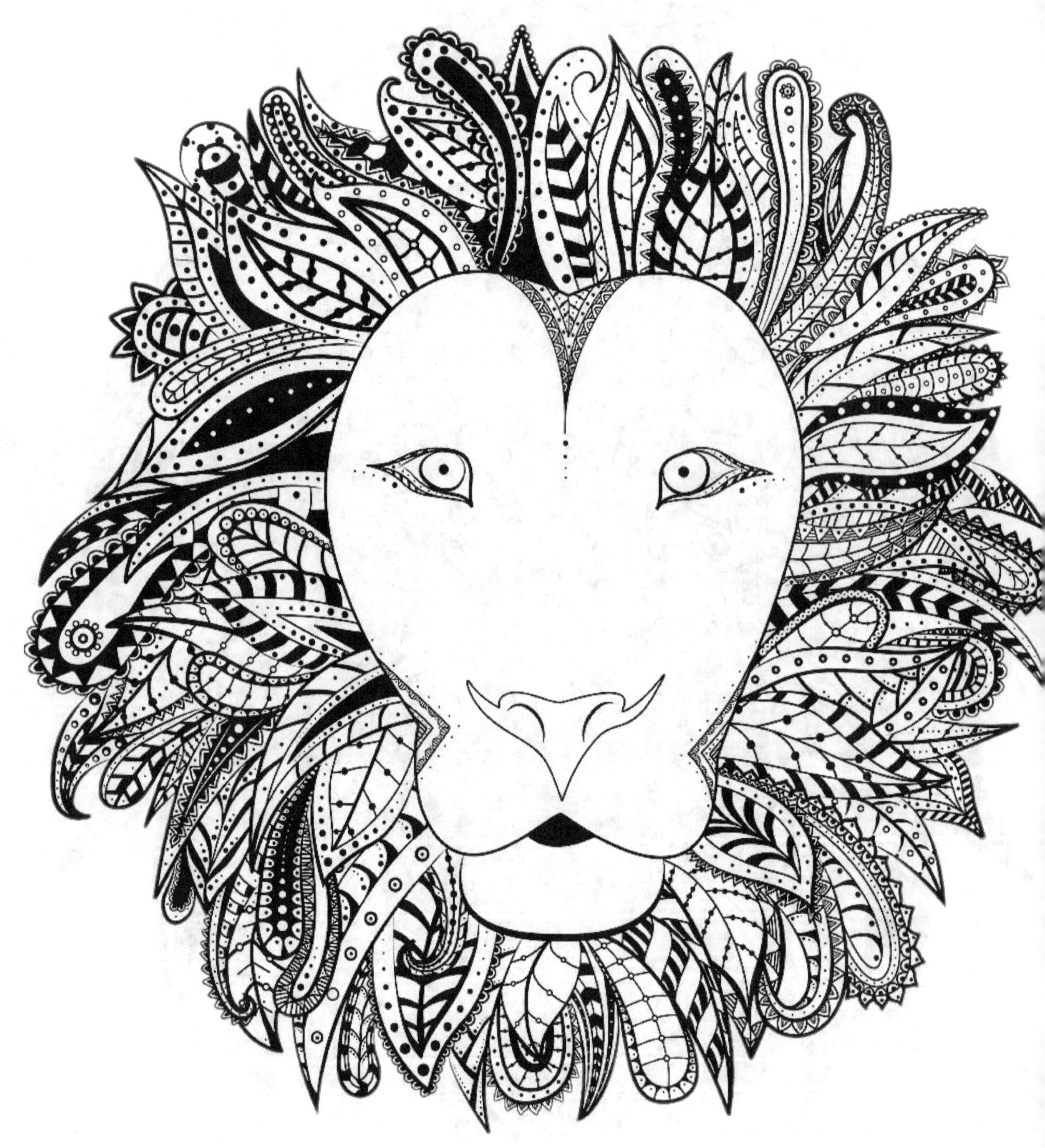

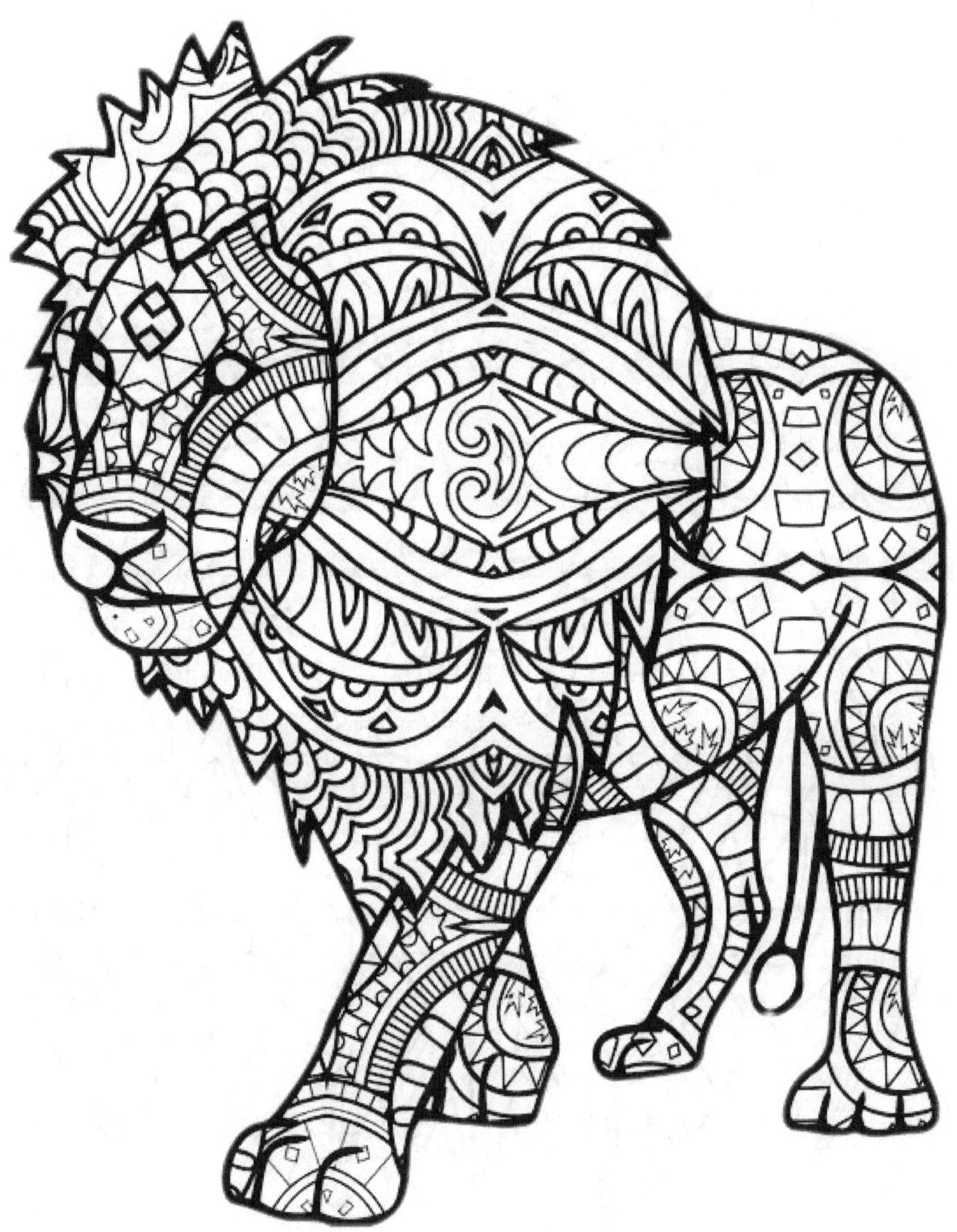

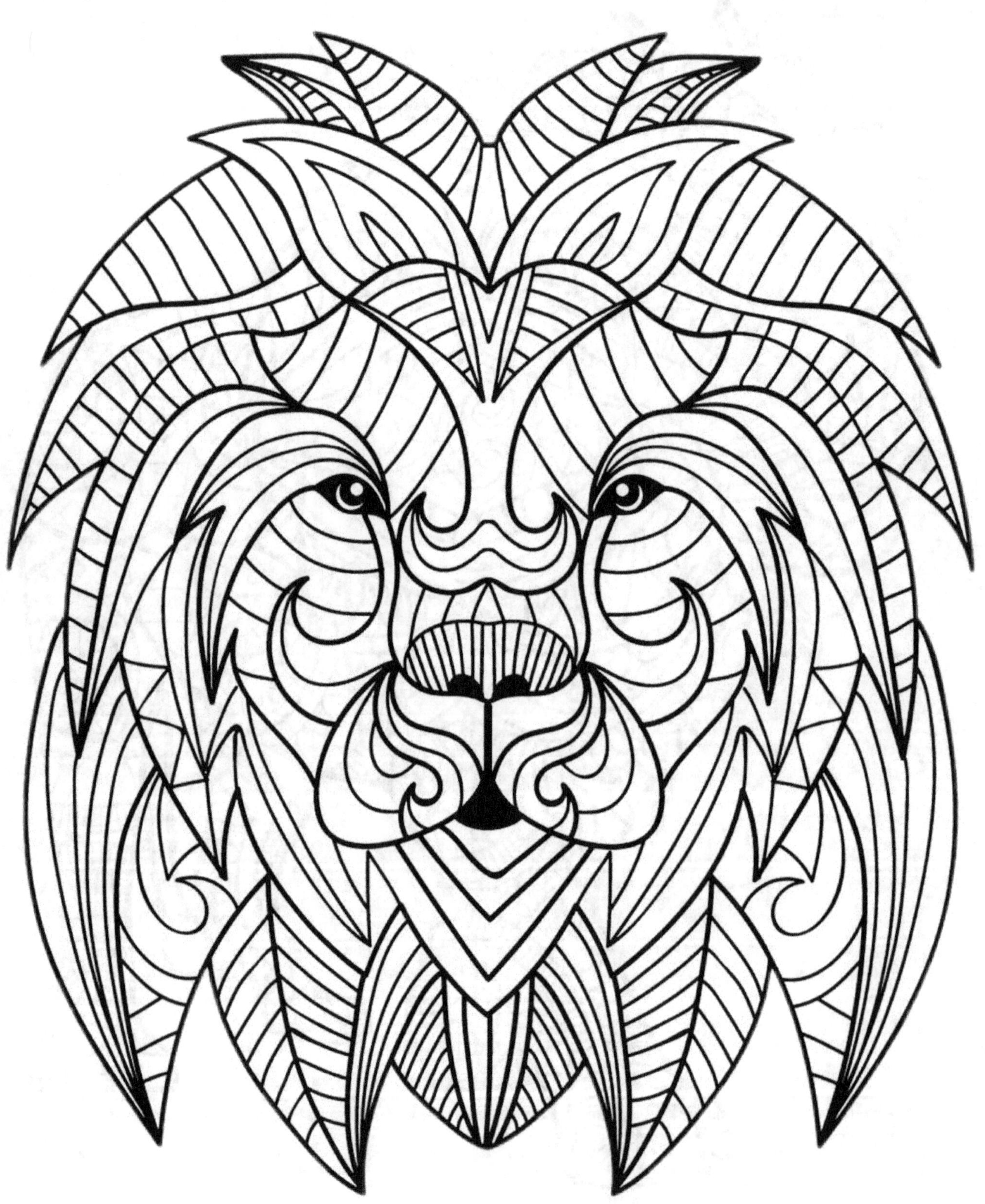

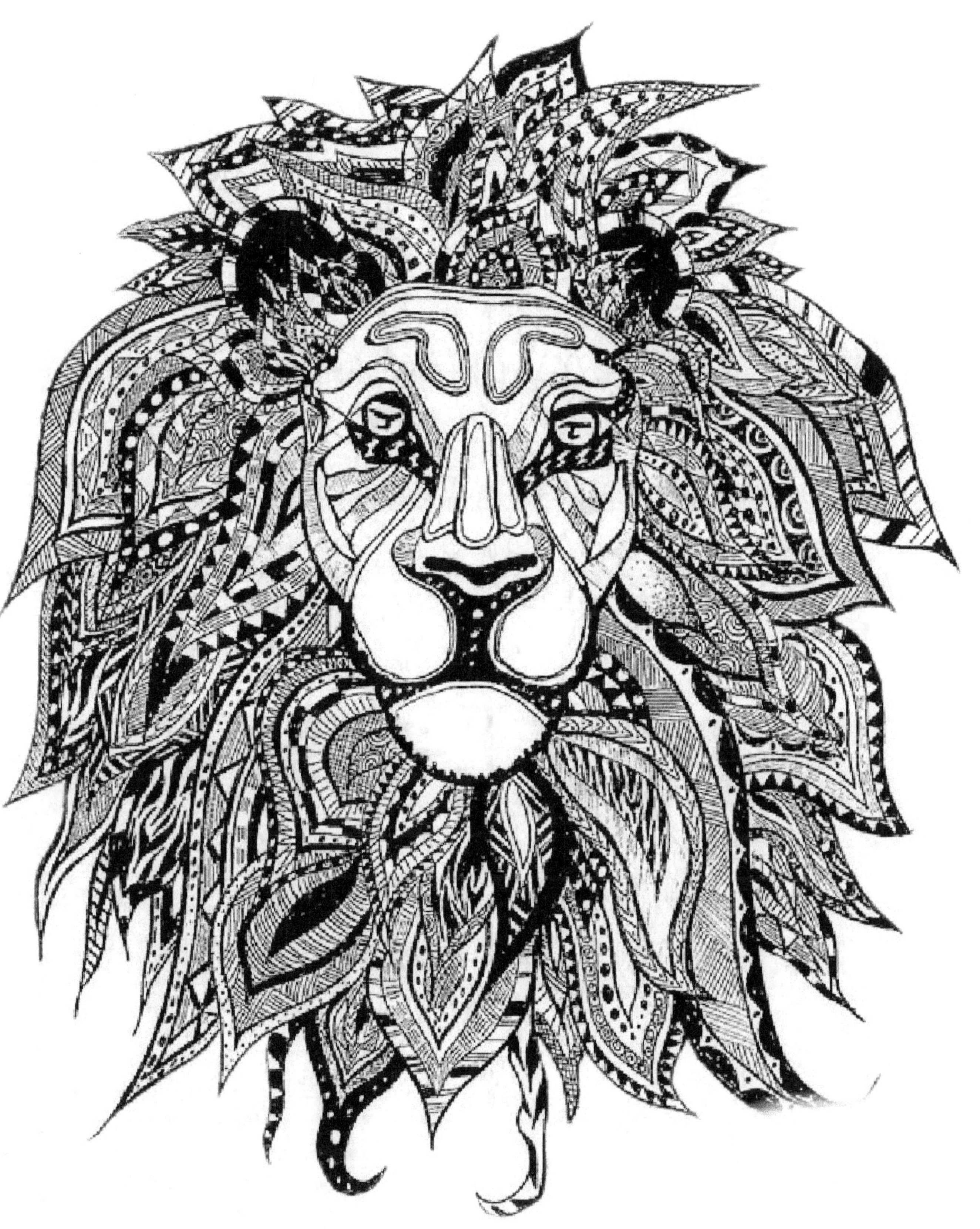

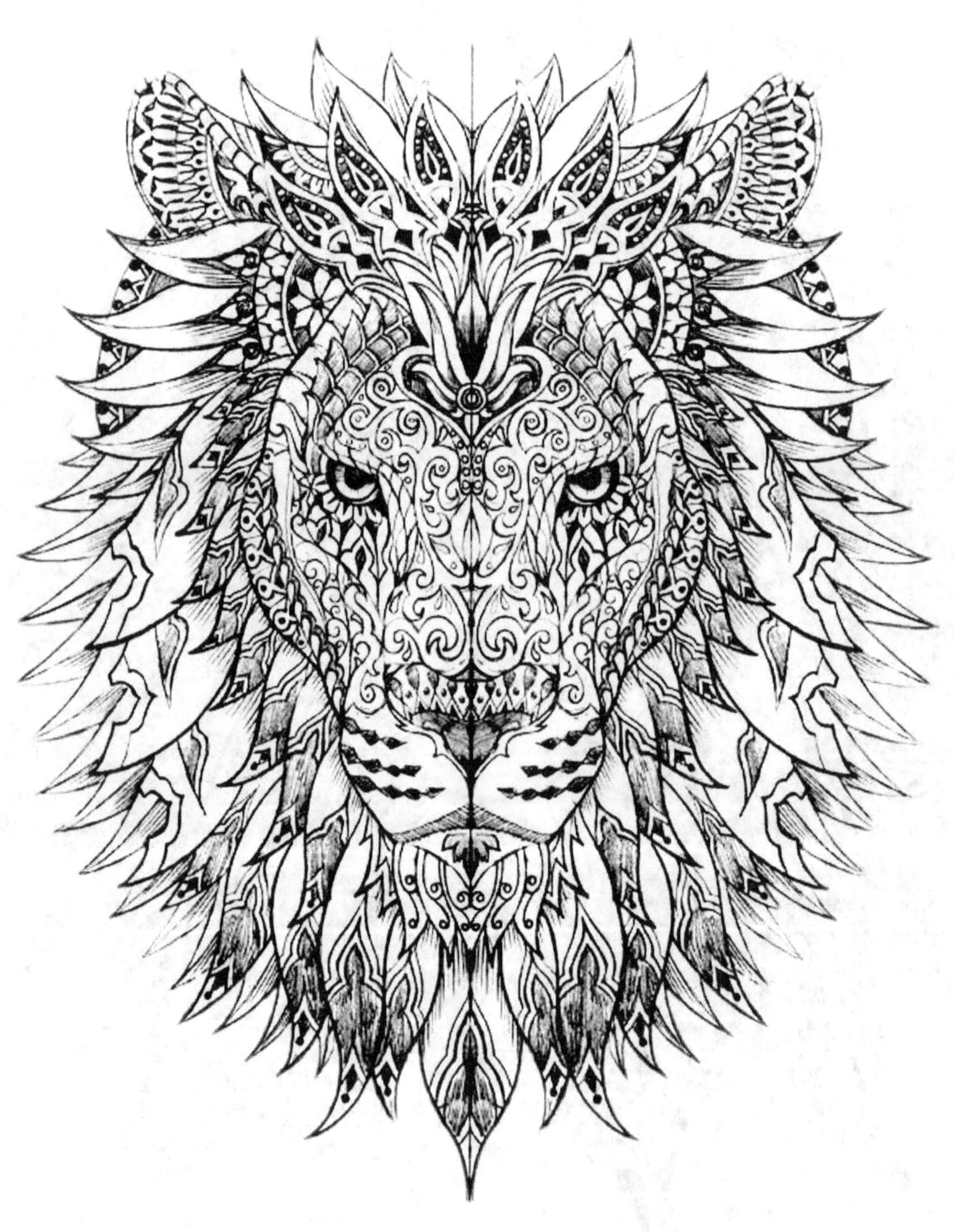

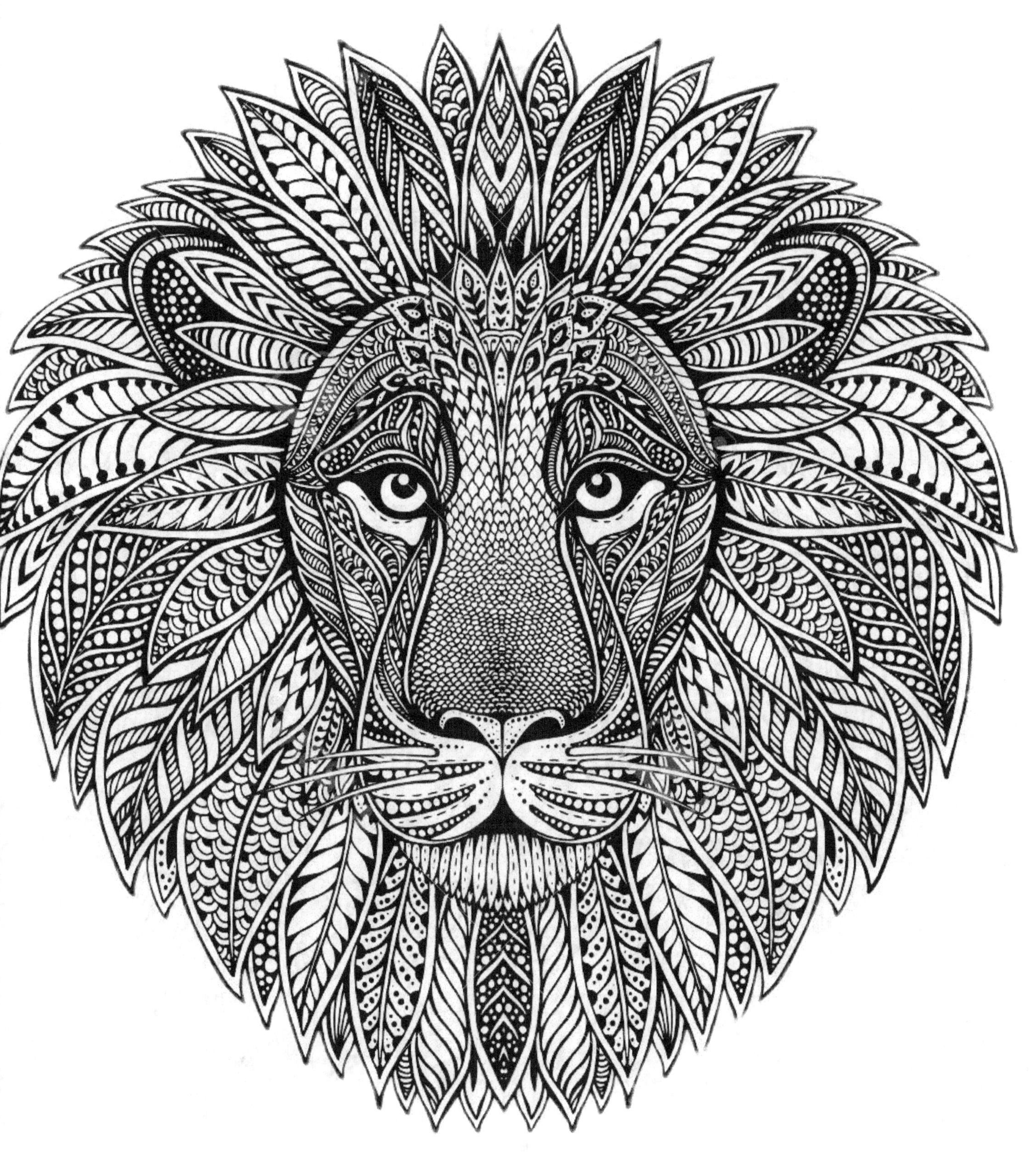

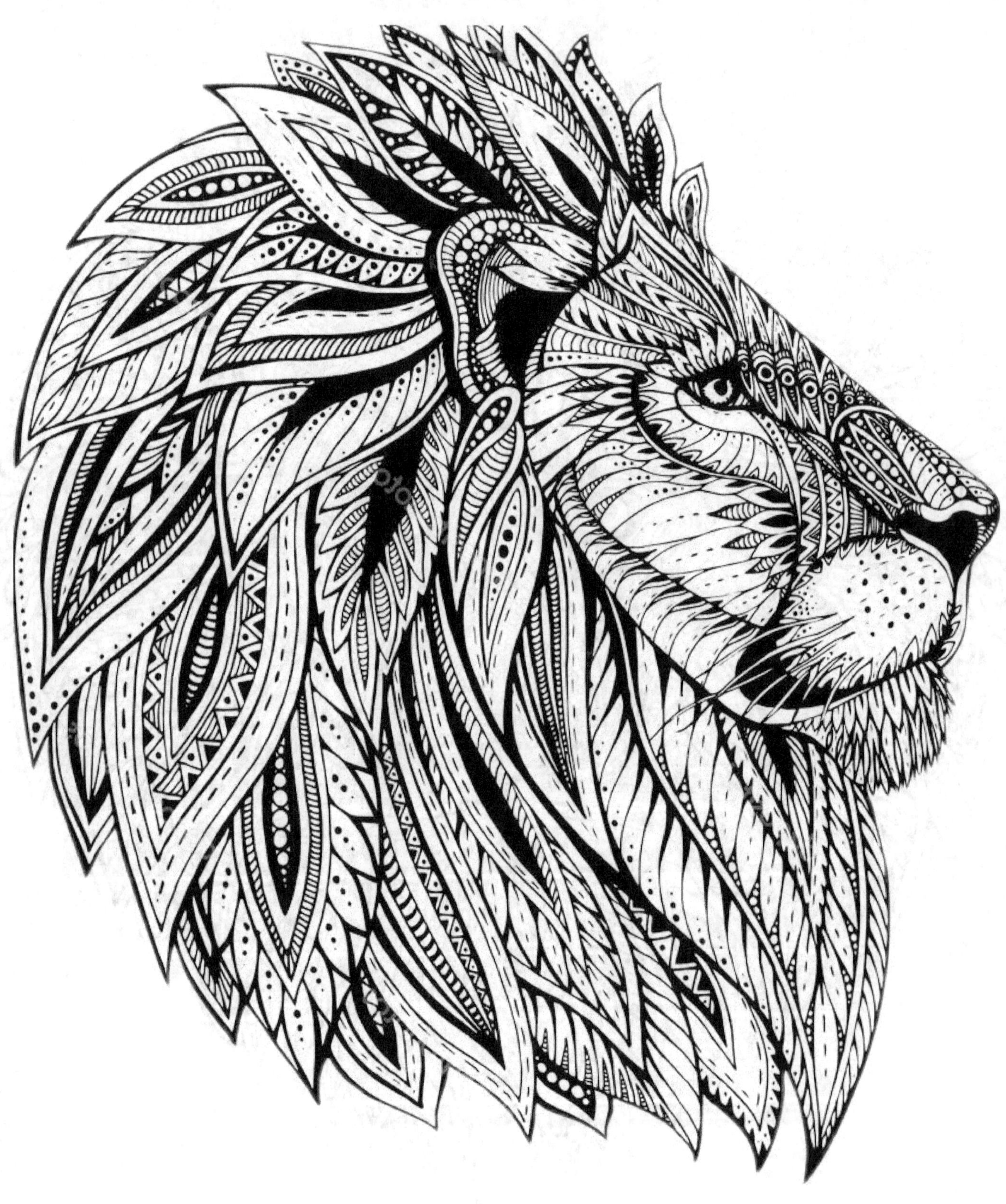

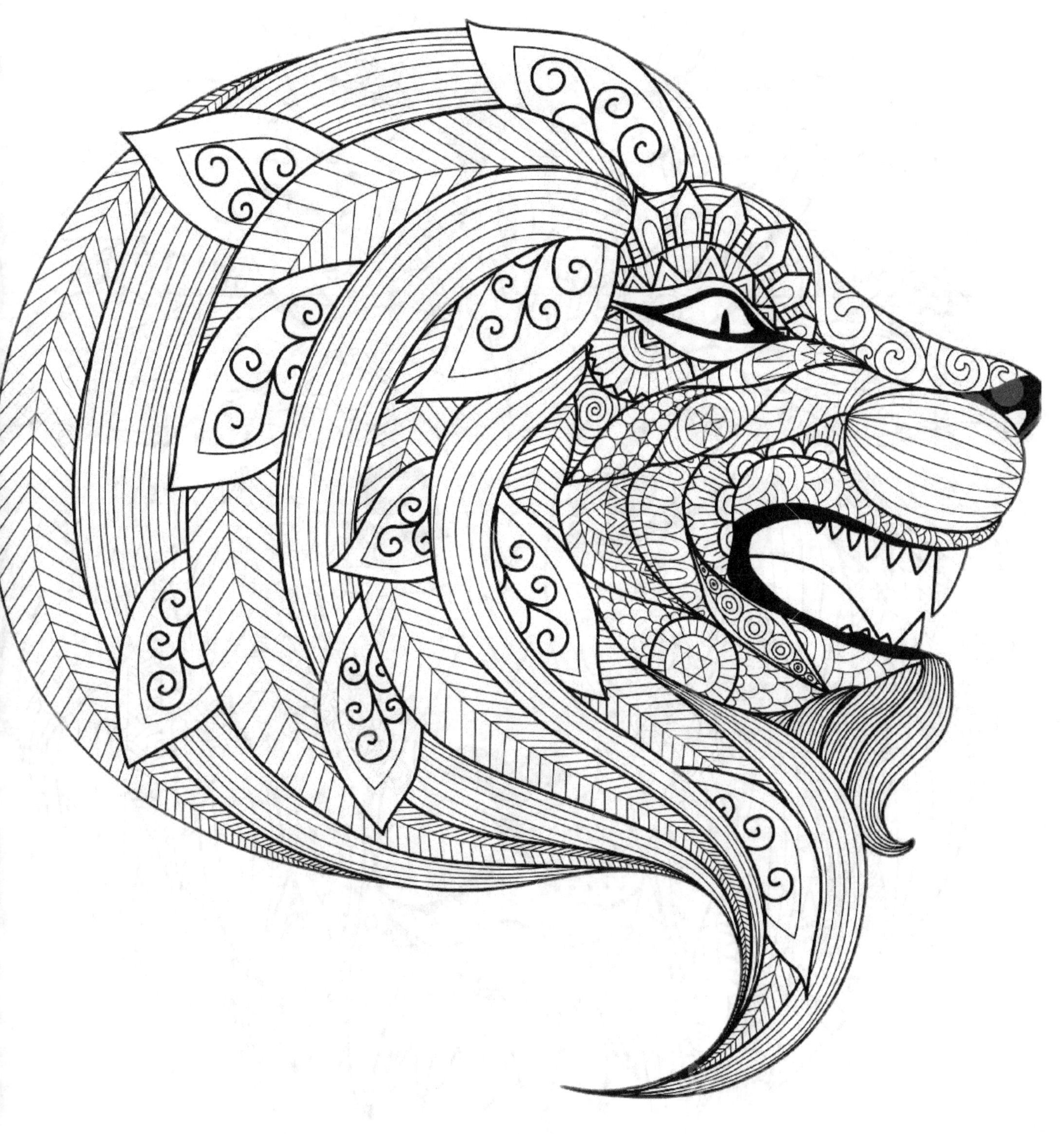

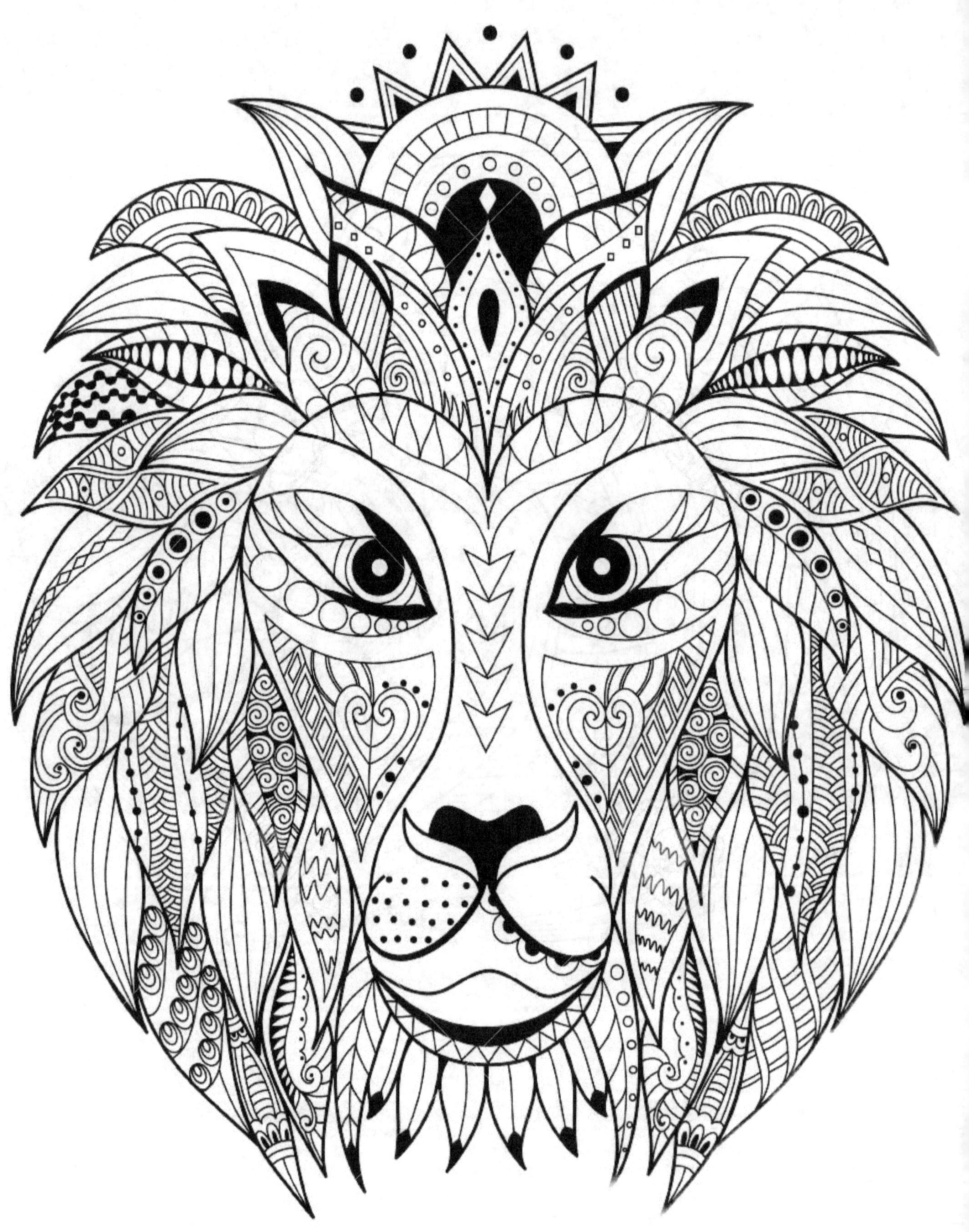

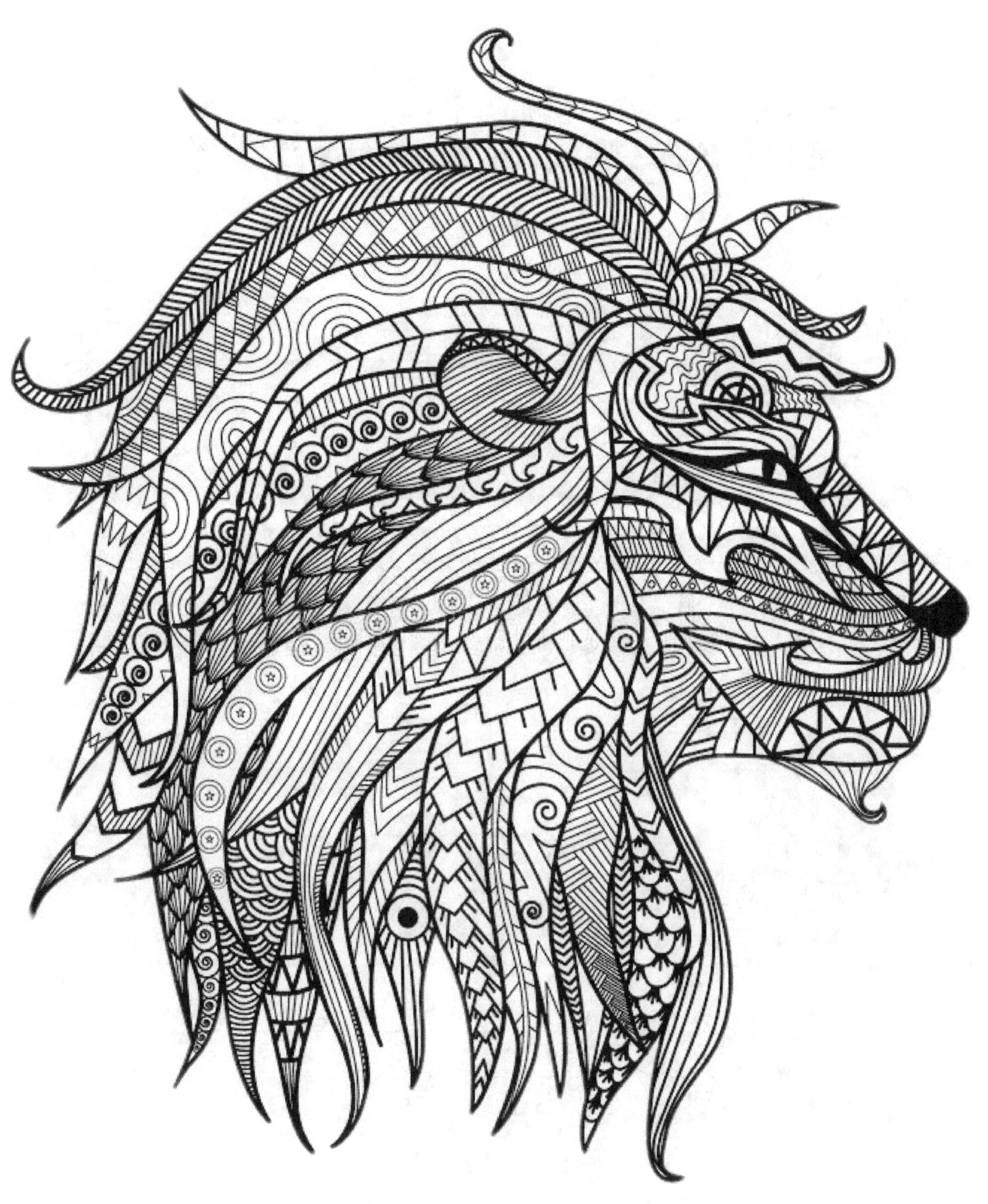

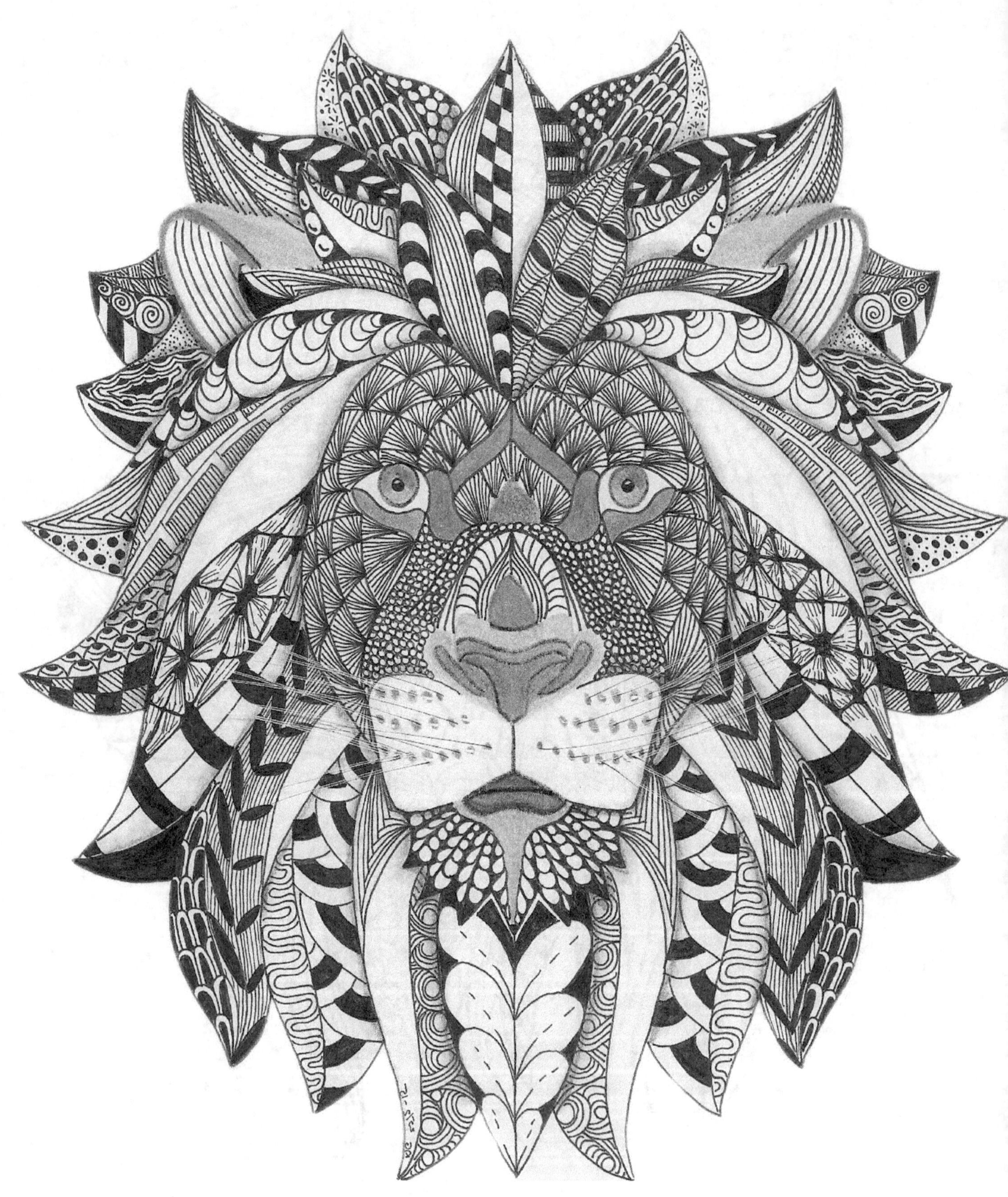

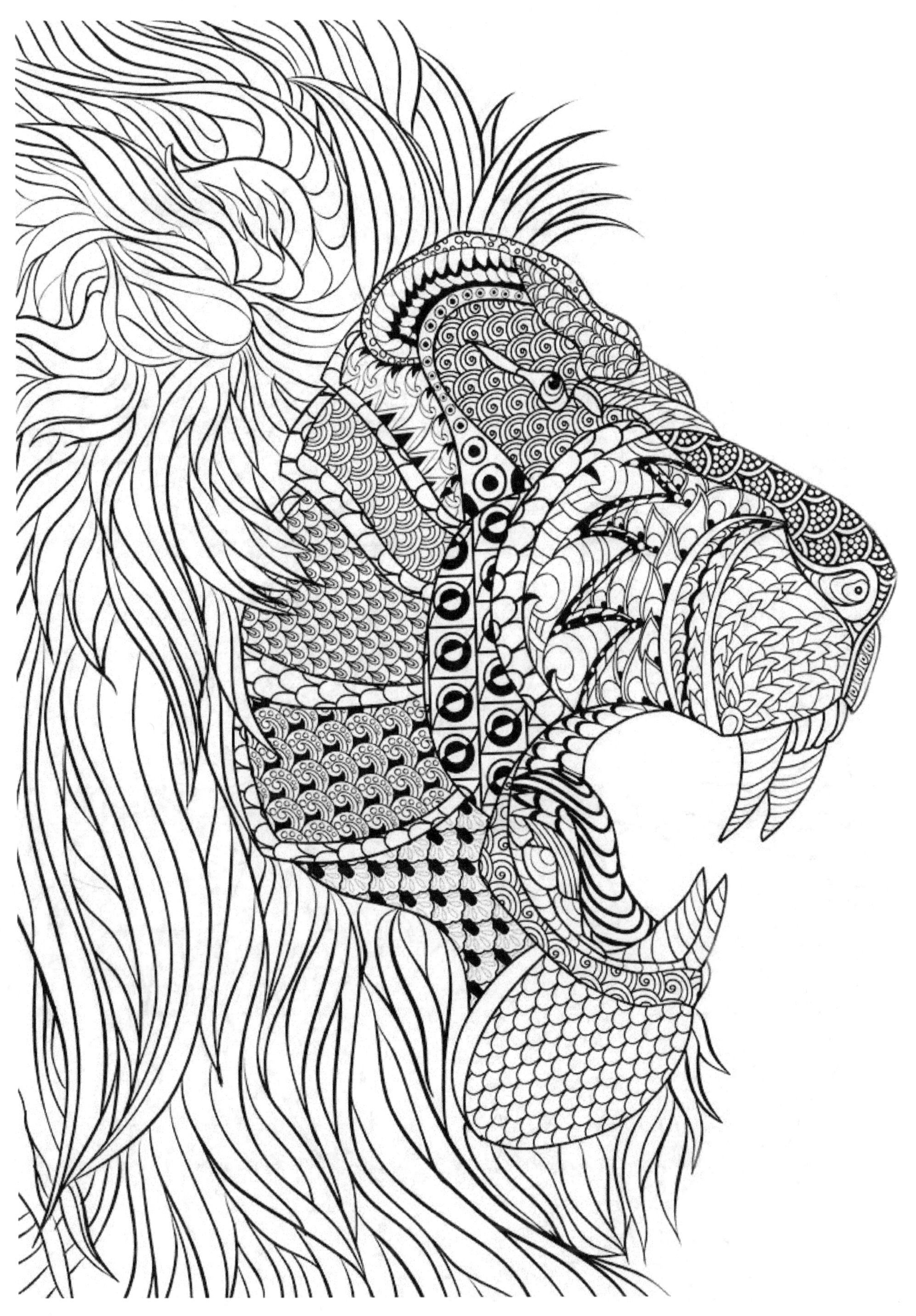

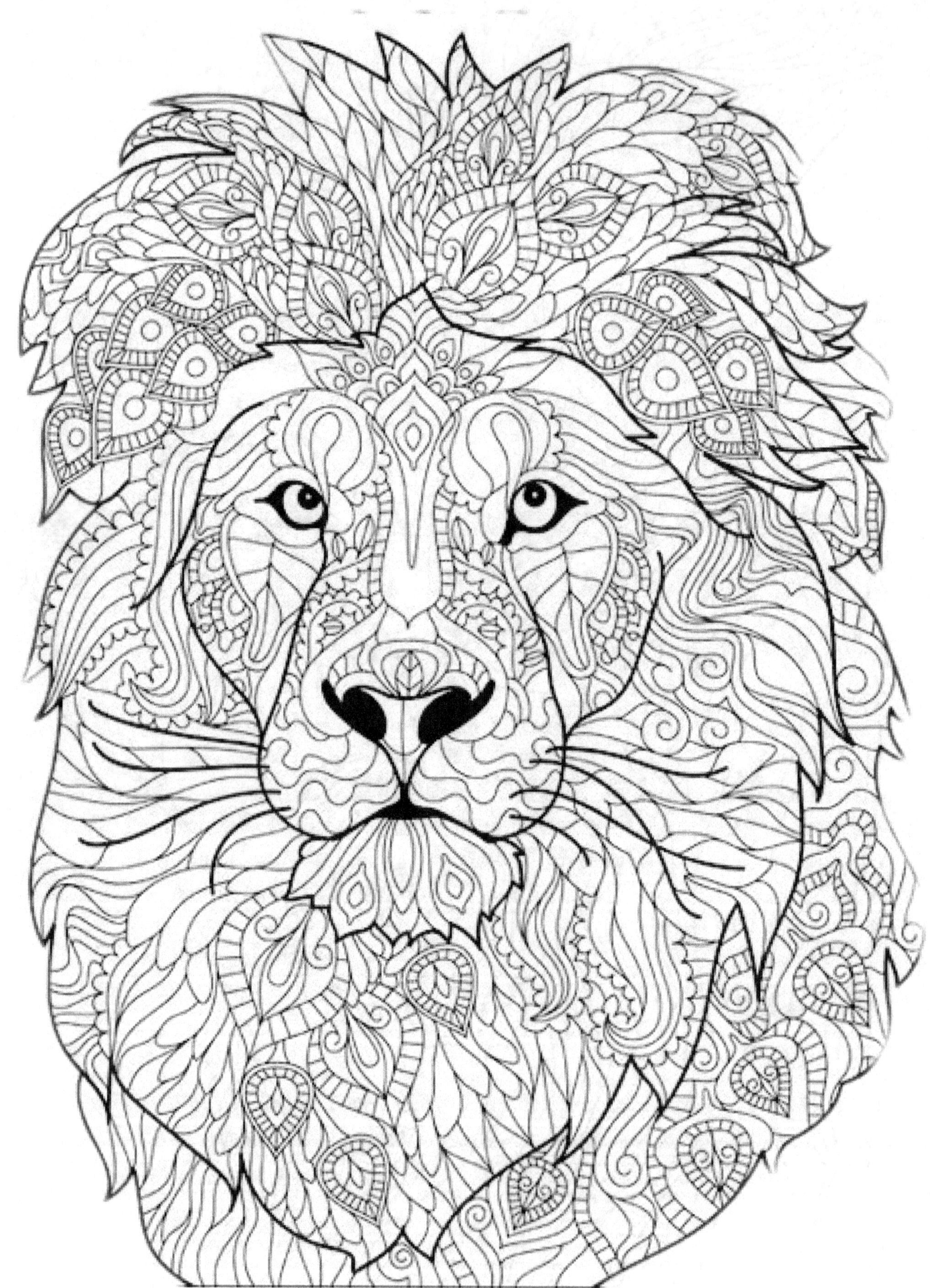

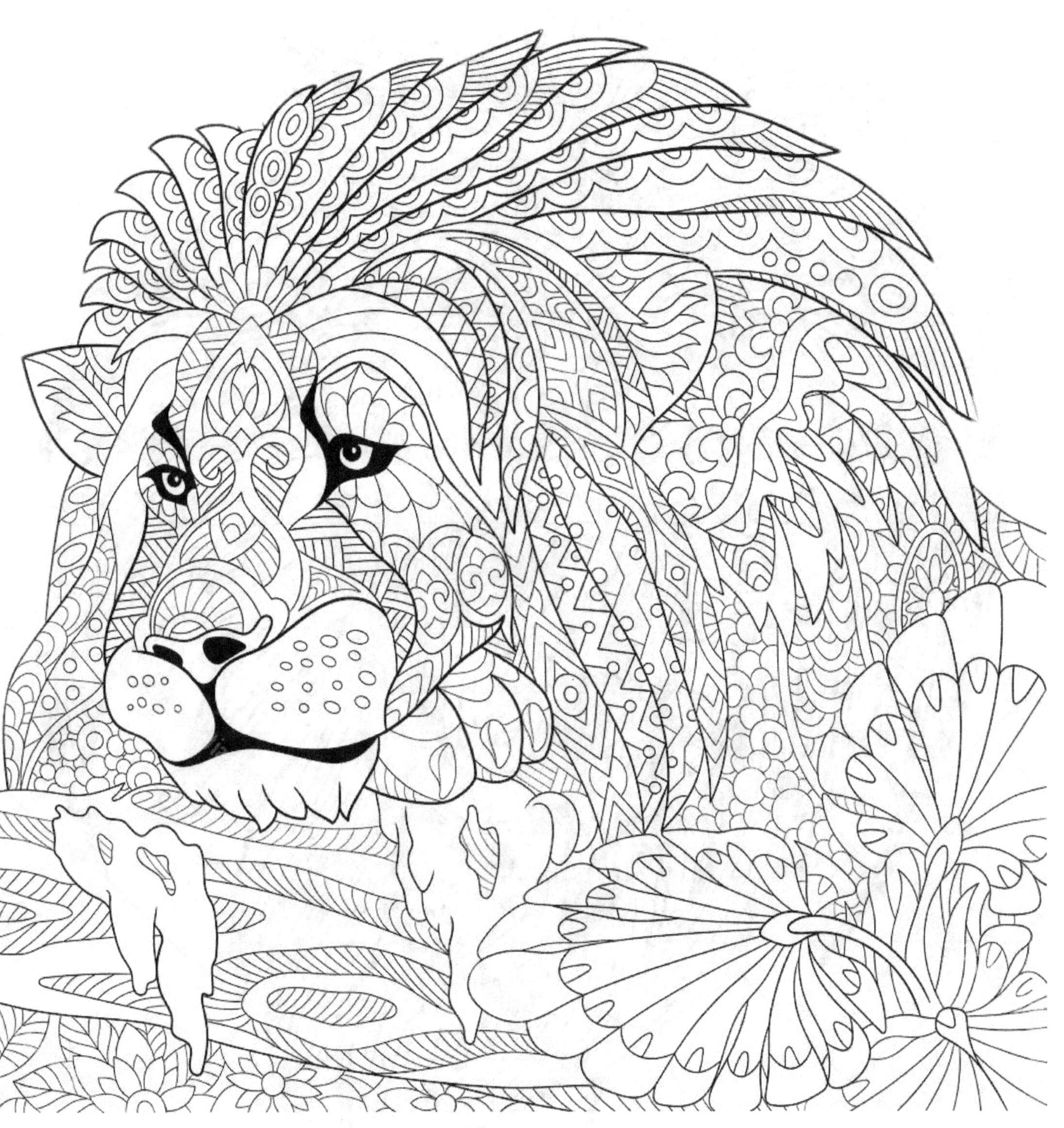

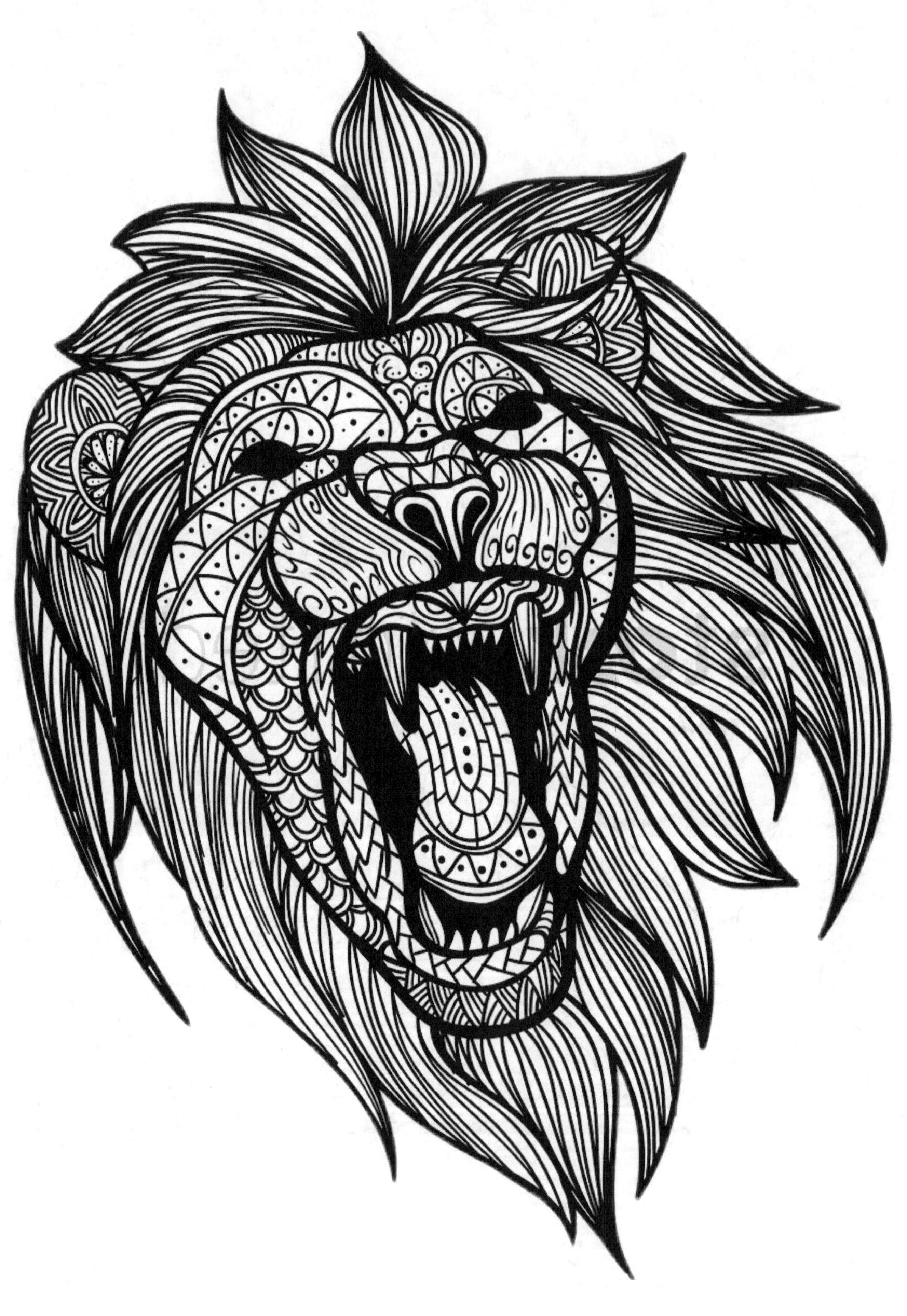

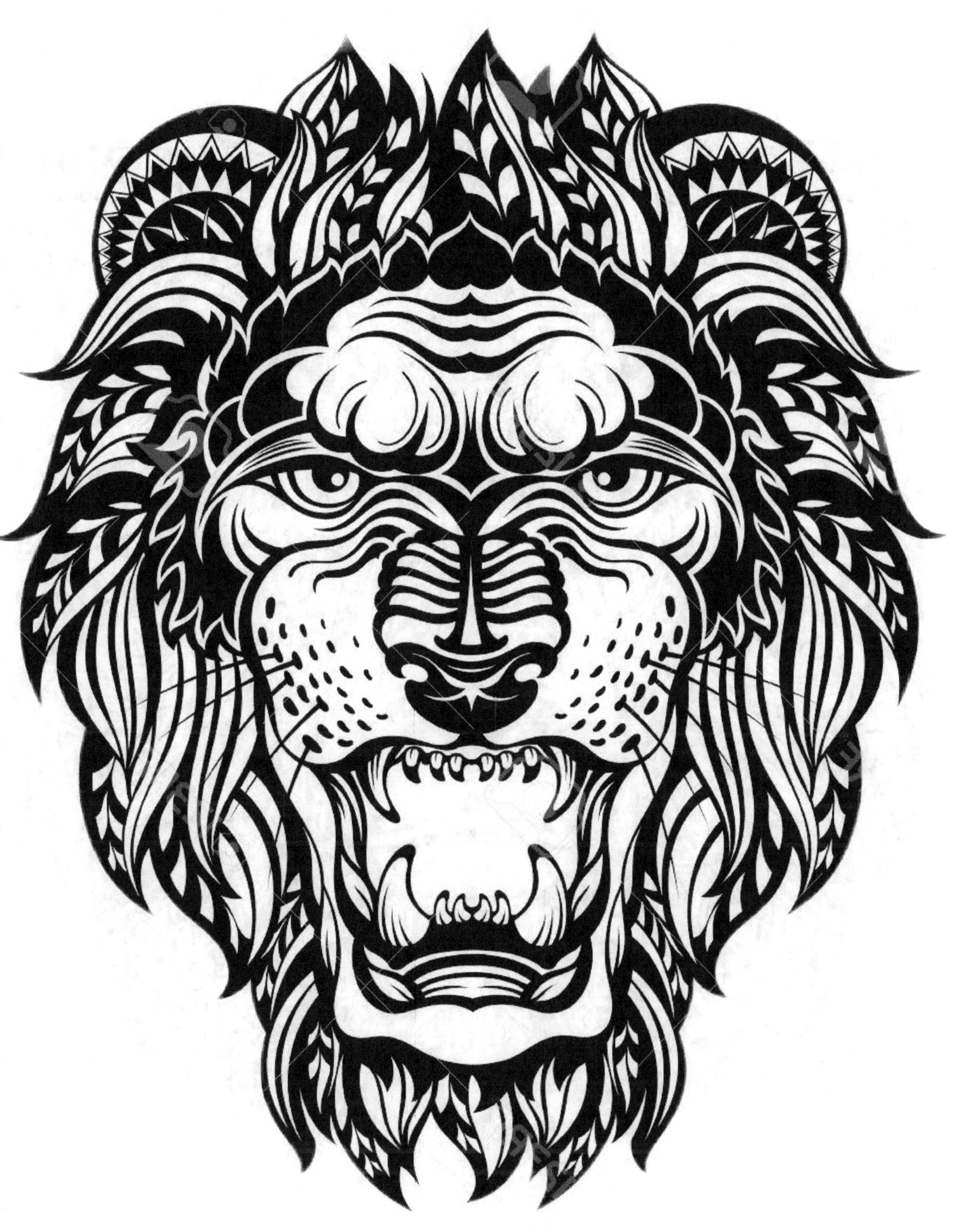

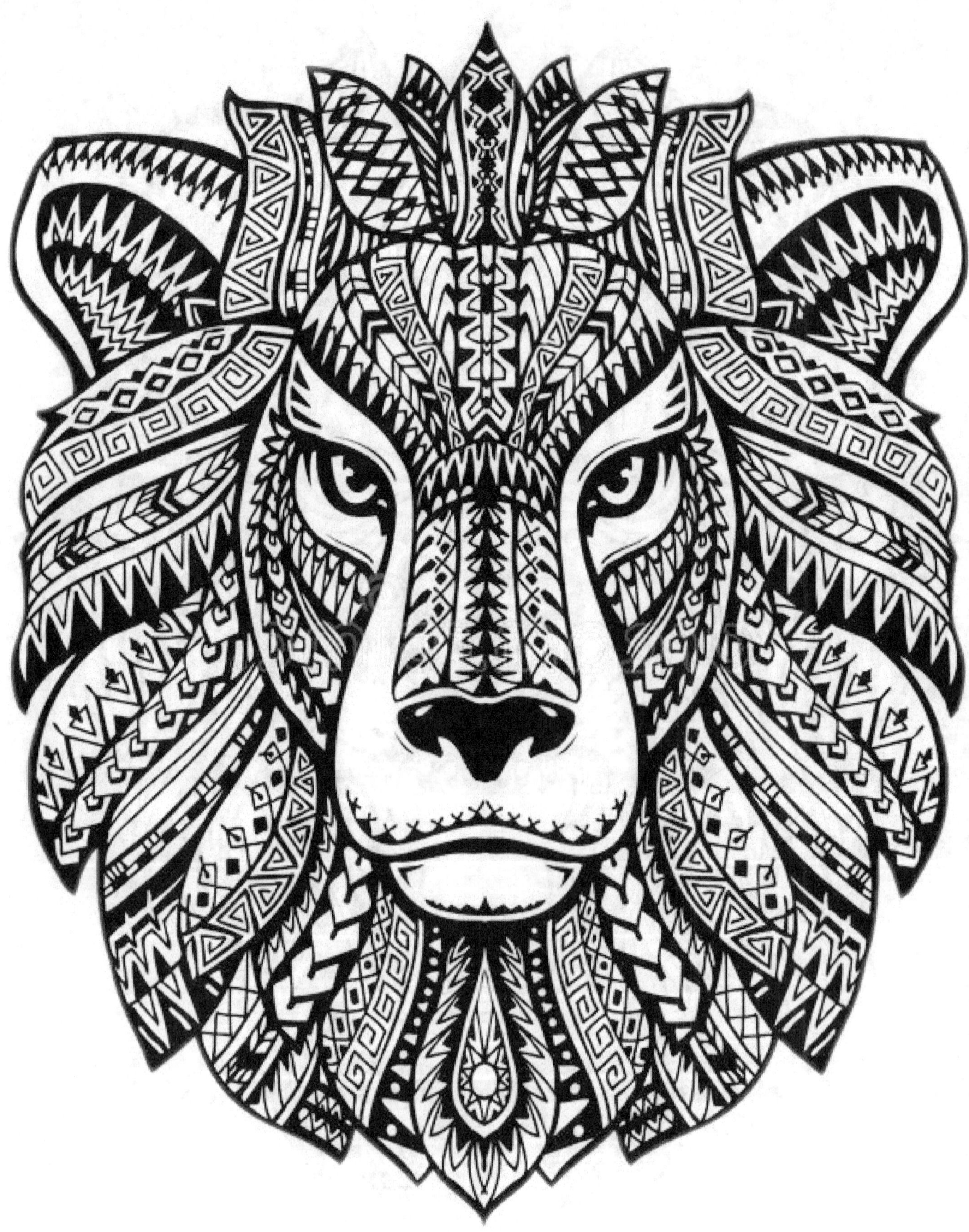

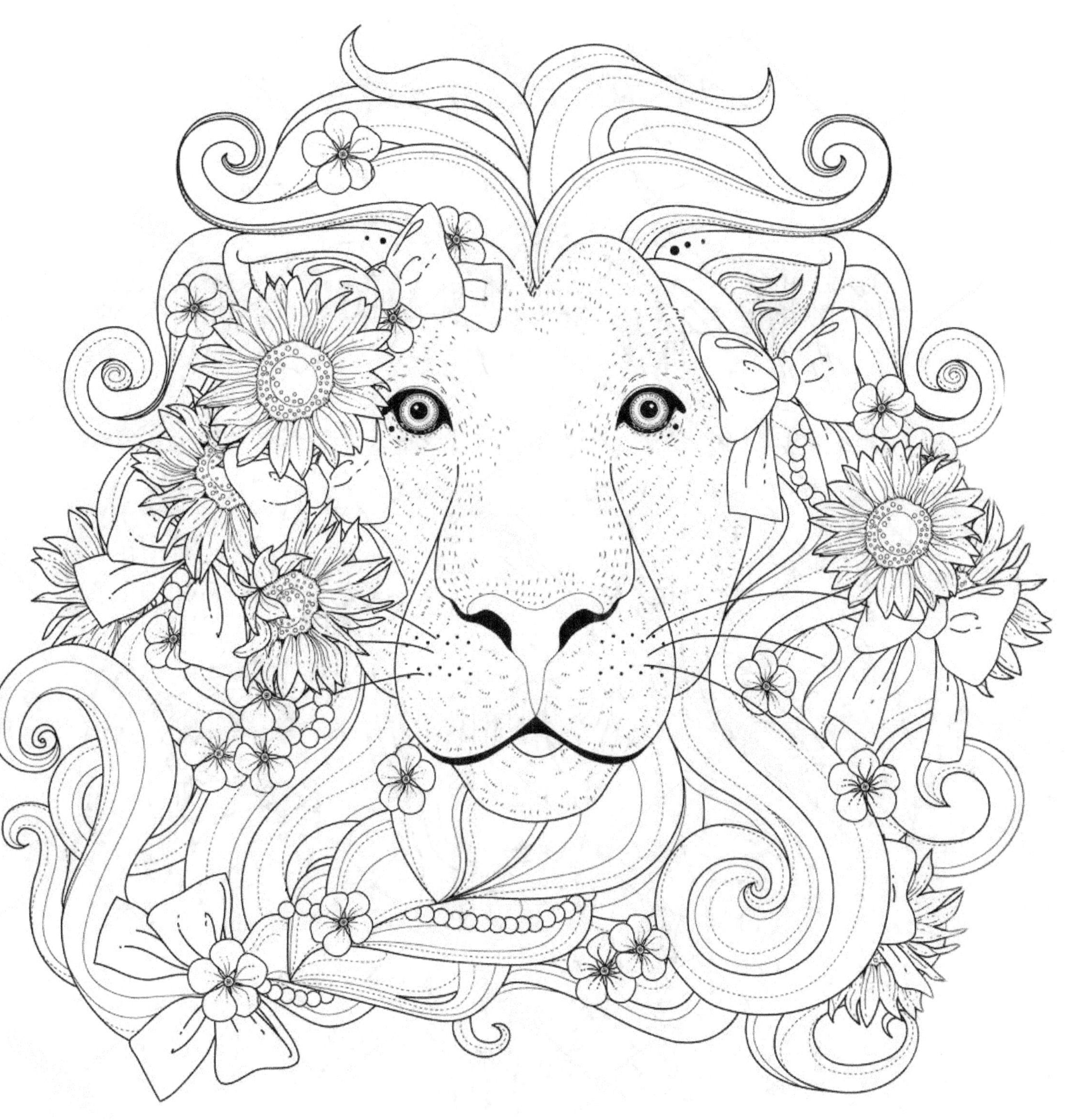

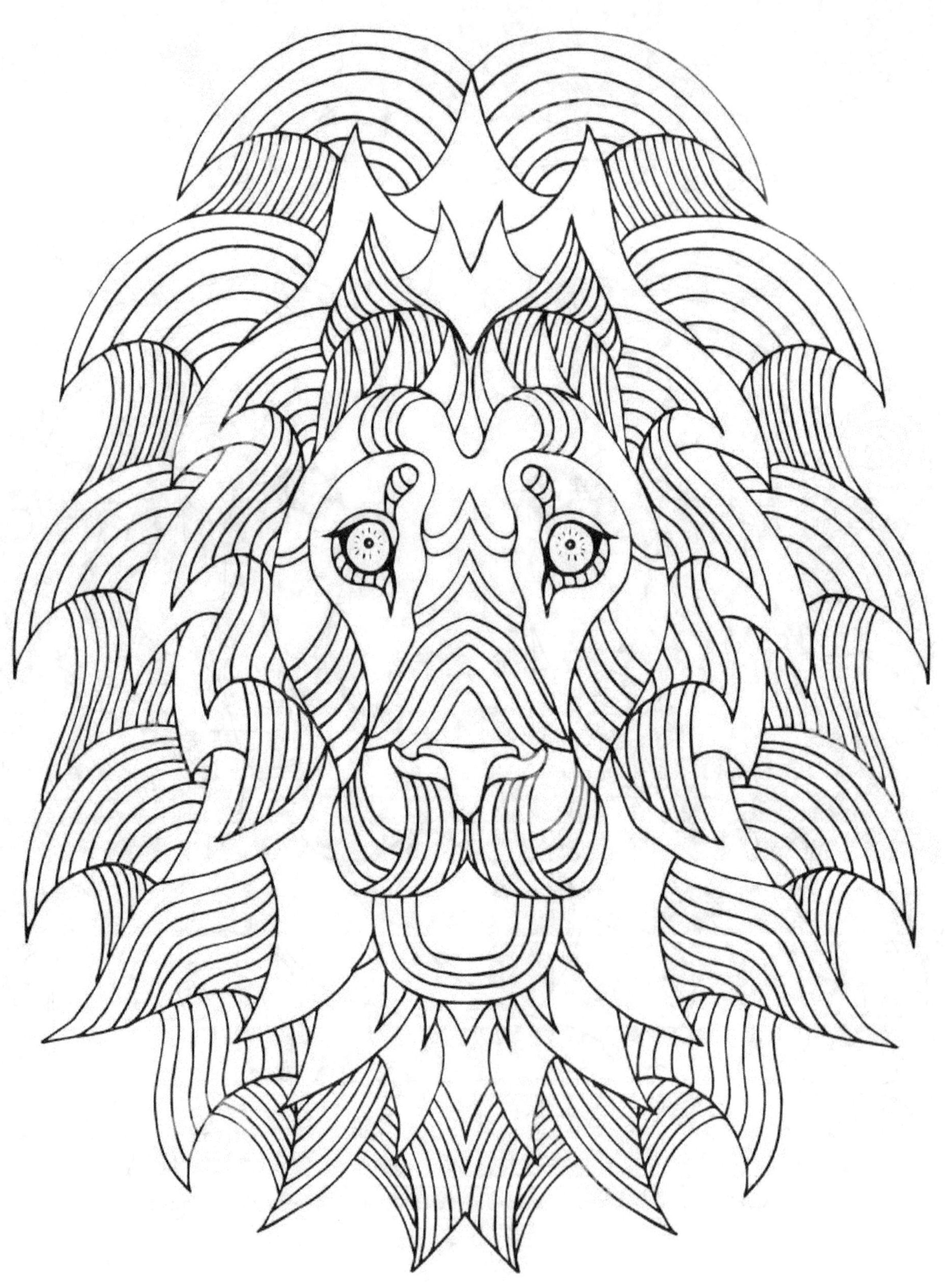

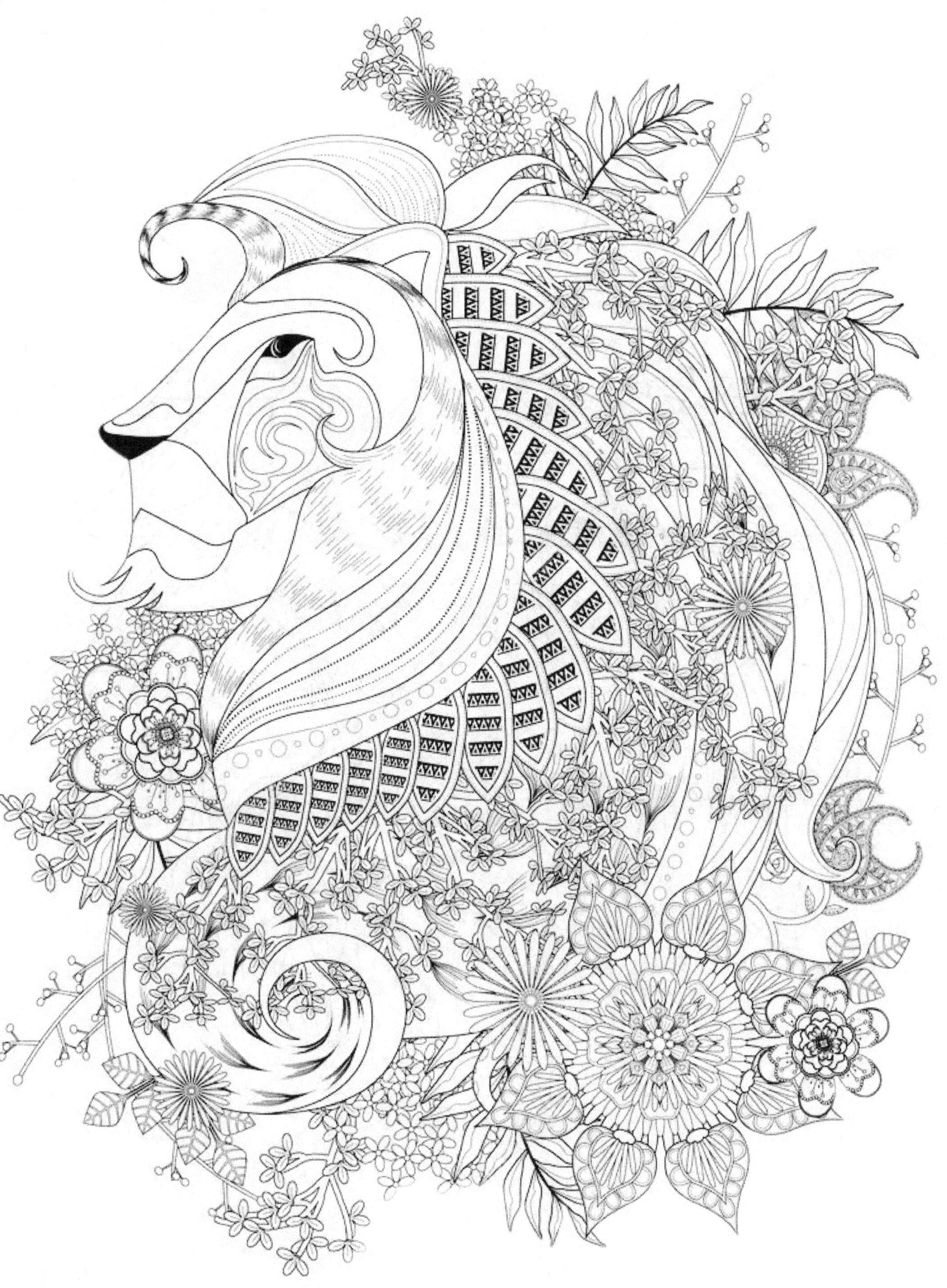

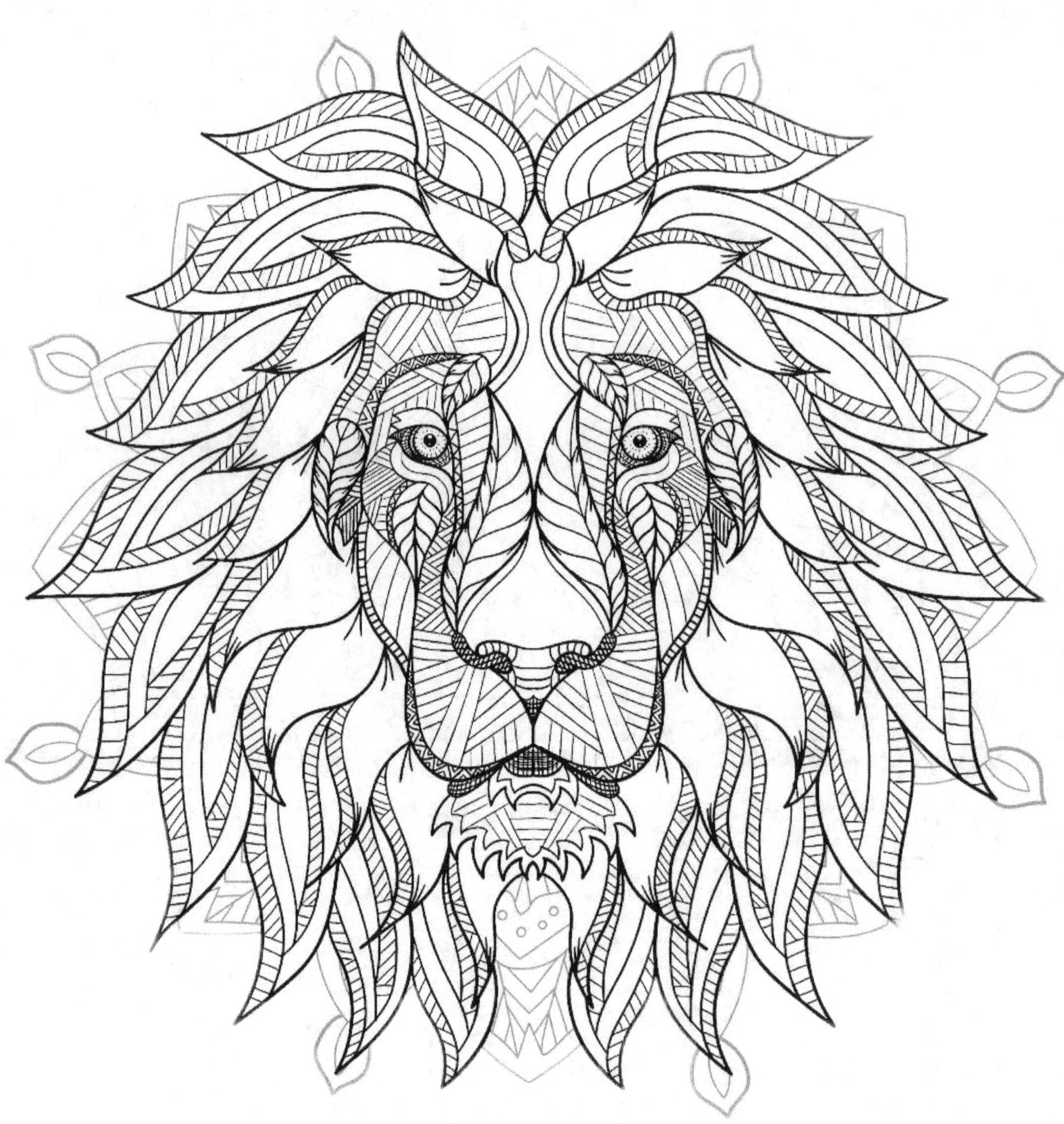

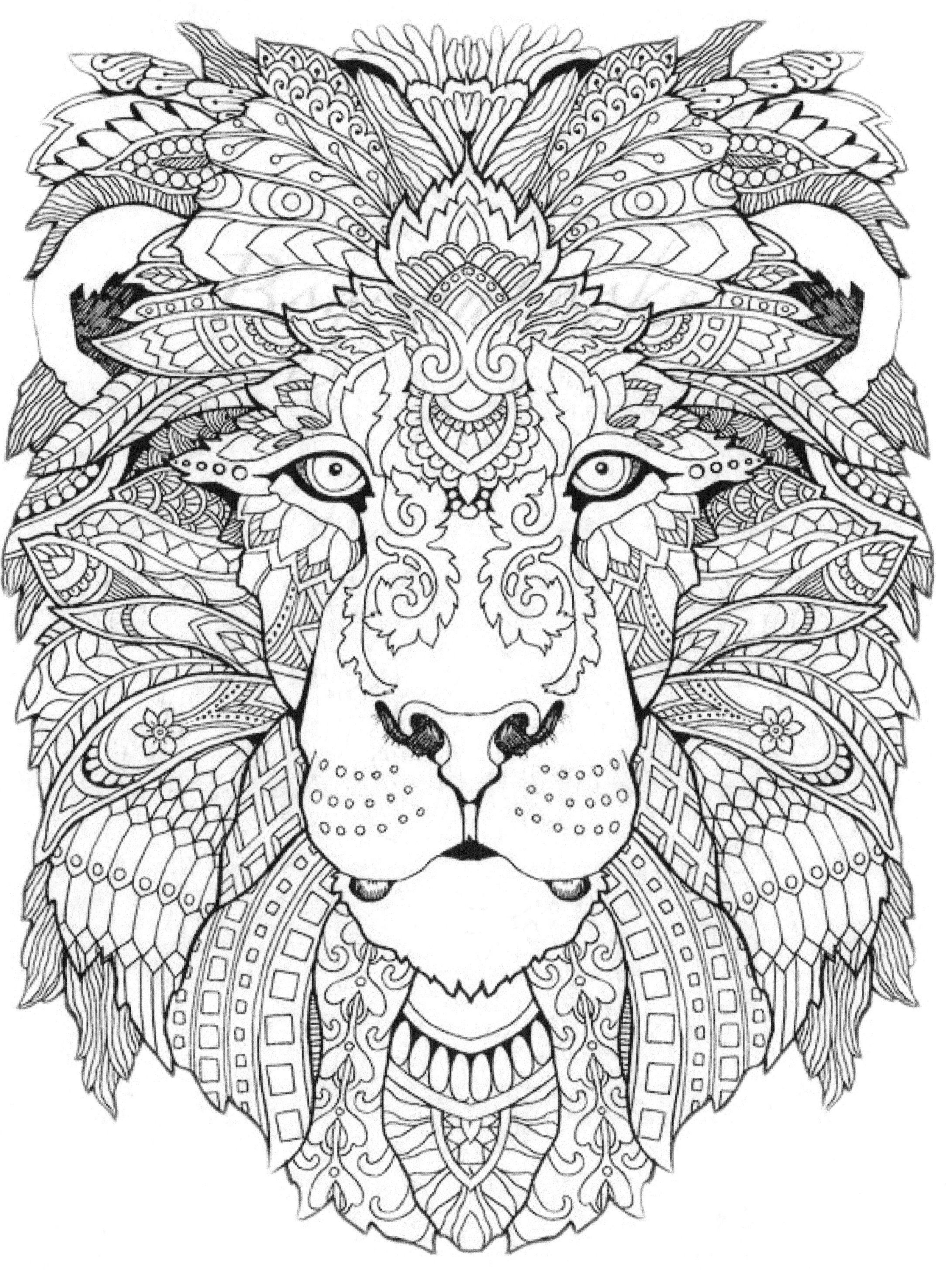

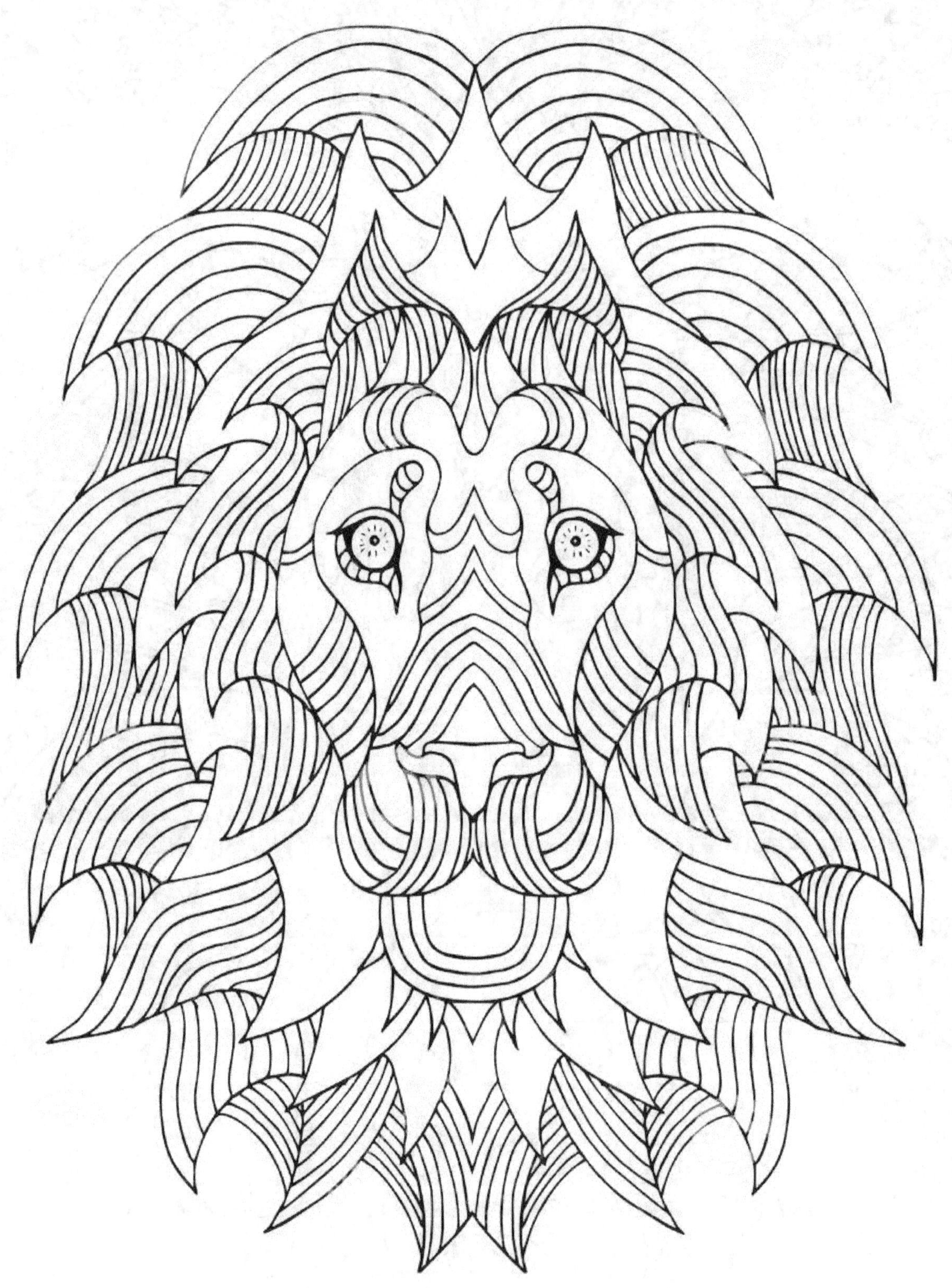

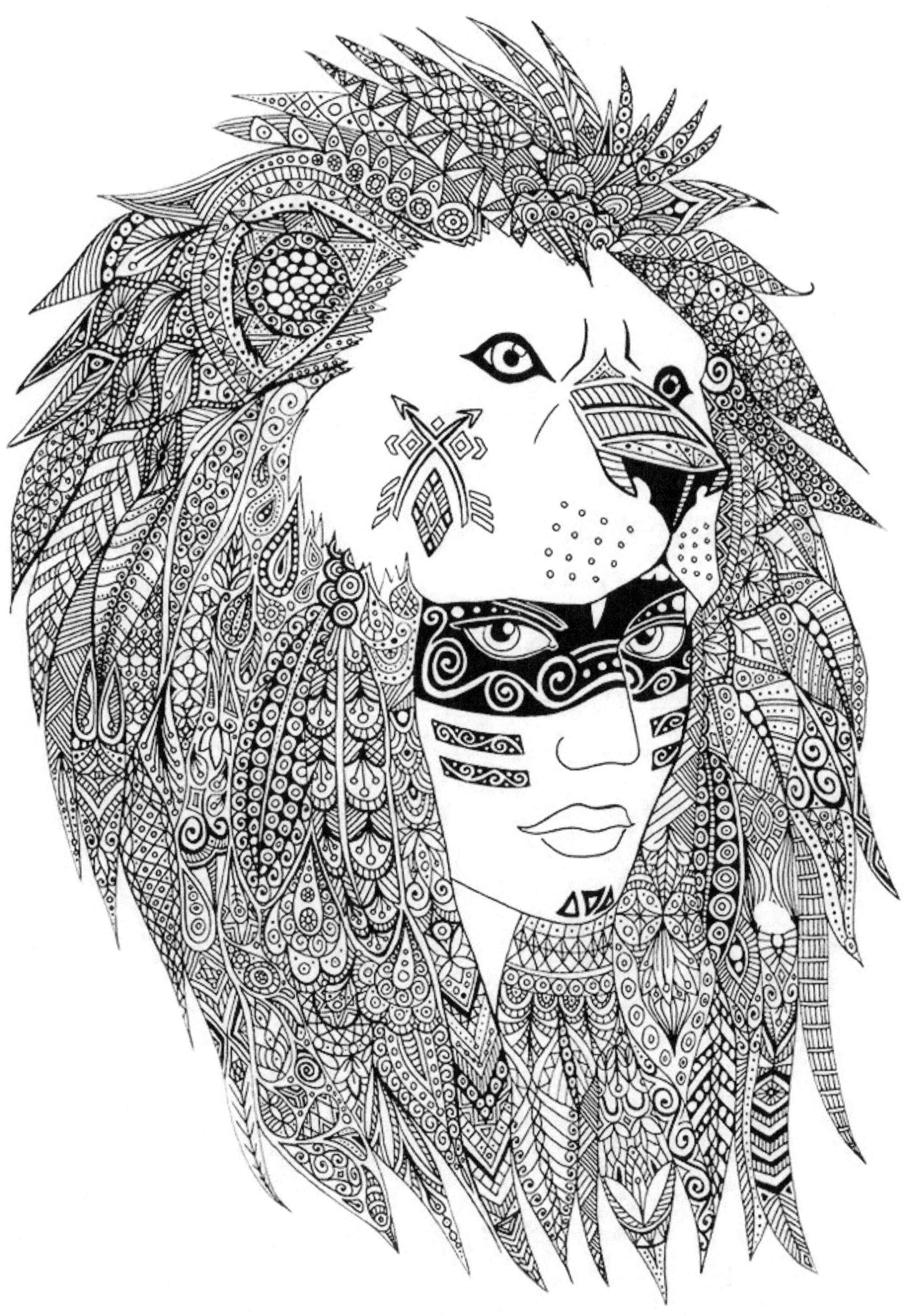